성경적인 유아세례를 위한 몇 가지 묵상

목사님, 정말 유아세례를 받아야 하나요?

개혁신앙강해 8
목사님, 정말 유아세례를 받아야 하나요?

초판 1쇄   2021년 6월 22일
발 행 일   2021년 6월 30일
지 은 이   권기현 목사
펴 낸 이   장문영
펴 낸 곳   도서출판 R&F

등   록   제2011-03호(2011.02.18)
주   소   경북 경산시 하양읍 대학로 298길 20-9, 110동 2003호(하양롯데아파트)
연 락 처   054. 251. 8760 / 010. 4056. 6328
이 메 일   hangyulhome@hanmail.net
디 자 인   김진희, 박경은, 이은지

I S B N   979-11-975069-0-1
가   격   11,000원

R&F (Reformed and Faith)는 종교개혁의 유산을 이어받아 개혁신앙을 바탕으로
이 땅의 교회가 바르고 건강하게 세워져 가기를 소망합니다.

성경적인 유아세례를 위한 몇 가지 묵상

목사님,
정말 유아세례를
받아야 하나요?

권기현 목사

RQF

목 차

서 문 · 6
머리말 · 15

제1부 유아세례의 기초

제1장 동일하신 한 분 하나님과 성경의 통일성 · 19

유아세례 반대자 | 몇 가지 문제점 | 동일하신 한 분 하나님 | 성경의 통일성

제2장 삼위 하나님의 사역과 유아세례 · 31

삼위 하나님의 구원 사역 | 성부 하나님의 선택과 유아 | 성자 예수 그리스도
의 구속과 유아 | 성령 하나님의 적용(효력 있는 부르심)과 유아

제2부 구약성경과 유아세례

제3장 할례와 유아세례 · 43

할례와 세례: 적대 관계 & 그림자(Shadow)와 실체(Reality) | 언약의 표 |
혈통적 & 오직 은혜 | 할례와 유아세례

제4장 출애굽 교리문답과 유아세례 · 55

출애굽: 옛 언약 시대의 가장 큰 사건이자 거푸집(Mold) | 자녀 교육: 묻고
답하라! | 손의 표적 | 두 눈 사이에 붙어 있는 말씀 | 유아세례와 교리문답
교육 | 길갈 교리문답: 새 유월절, 새 출애굽

제5장 하나님 앞에 서 있는 언약의 자녀 · 69

시내산 언약과 모압 언약 | 여호와 앞에 서 있는 언약의 자녀 | 예배와 성경
봉독 앞에 서 있는 언약의 자녀

제3부 예수님과 유아세례

제6장 예수님께서 받으신 할례와 유아세례 · 83

할례를 받으신 예수님 | 율법의 요구에 순종하신 예수님

제7장 언약의 자녀로 자라신 예수님과 유아세례 · 95
누가복음과 "인자"이신 예수님 | 새 아담이자 하나님의 아들로서 순종하시는
예수님 | 언약의 자녀로 성장하신 예수님 | 새 아담이자 하나님의 아들이신
예수님을 따르는 언약의 자녀

제8장 유아에 대한 예수님의 가르침과 유아세례 · 109
어린 아기를 예수님께 데려온 부모 | 제자들의 꾸짖음과 예수님의 노하심 | 언
약 백성의 특권과 의무: 하나님께 나아가 복을 받음 | 언약 백성의 특권과 의무:
예수 그리스도께 나아와 복을 받음 | 유아세례, 그리고 언약 백성의 특권과 의무

제4부 사도들과 유아세례

제9장 예수님께서 제정하신 세례와 오순절의 세례 · 125
부활하신 예수님께서 제정하신 세례 | 오순절 성령 강림과 세례

제10장 고넬료와 루디아의 가정에 시행한 세례 · 135
고넬료의 집에서 시행한 세례 | 루디아의 가정에 시행한 세례

제11장 빌립보와 고린도에서의 세례 · 149
빌립보 간수의 가정에 시행한 세례 | 사탄의 집 바로 곁에서 건설되는 주님
의 교회 | 고린도에서 시행한 세례

제12장 짝 믿는 가정과 유아세례 · 159
고린도교회 안의 짝 믿는 가정의 자녀 | 갓난아기 시절의 디모데

제5부 한 세례 안에서 건설되는 새 가족

제13장 새 가족 · 171
언약과 선택 | 언약 백성이 출생하는 세 가지 통로 | 혈통을 초월한 새 가족

제14장 한 세례 · 185
두 종류의 세례인가?: 물세례와 성령세례 | 두 종류의 세례인가?: 유아세례와 성
인세례 | 세례들(?) & 씻는 규례 | 용어에서 오는 오해 | 합법적인 세례의 세 요소

성구색인 · 204

서 문

기독교 가정

저는 4대째 기독교 신앙을 계승해온 가정에서 태어나 자랐습니다. 두 딸까지 하면 5대째입니다. 10여 년 전 하나님의 부름을 받은 제 부친이 1925년생이니 대한민국의 짧은 교회 역사로 보자면 그리 흔한 가정은 아닙니다.

저는 장로교회, 그중에서도 특히 보수골통이라고 소문난 – 요즘은 그렇지 않다는 말도 종종 들리긴 하지만 – 교단의 교회에서 자랐습니다. 어린 시절, 조금이라도 예배하러 가기 싫어하는 눈치라도 보이면 부모님께 혼쭐이 나기 일쑤였습니다. 대부분의 외가 친척들과 많은 본가 친척들이 모두 기독교인이었습니다. 같은 교단 목사가 된 친척이 개척할 때, 부모님은 일정 기간 목사님이 거주할 방을 내주셨고, 아예 몇 년간 출석하며 돕기도 했습니다. 교회와 동떨어진 제 인생은 생각조차 해본 적이 없었습니다. 예배당은 저의 놀이터였고, 교회는 이 세상에서 가장 재미있고 따뜻한 사회였으며, 저의 고향이었습니다.

나락

중학교 1학년이던 1980년, 당시에는 꽤 큰 규모의 교회로 옮겼습니다. 주일 오전예배 출석수가 300여 명이었던 것으로 기억합니다(대학생 때는 1, 2부로 나누어 400명 이상 출석했습니다). 저보다 몇 달 앞서 이 교회에 등록한 부모님은, 제가 출석한 지 얼마 되지 않아 다시 개척교회의 요청을 받아 (목사님께 몇 년 후 다시 오기로 약속하고) 다른 교회로 가셨습니다. 제 동기들 대부분은 이 교회 직분자의 자녀였습니다. 수백 명이나 되는 그 교회 안에서 저는 작은 형과 함께 중등부에 출석하는 외지인에 불과했습니다. 중고등부 교사 몇 분과 또래 학생들 외에는 저를 아는 사람이 거의 아무도 없었습니다.

중학생이 되면서 학교 성적이 곤두박질쳤습니다. 아버지와는 달리, 어머니는 학교 성적에 매우 예민하게 반응하는 편이었습니다. 성적이 너무 많이 떨어져 집에서 쫓겨난 적도 있었습니다. 같은 학교에 다니던 작은 형님은 선생님들이 인정하는 최고의 모범생 중 한 명이었습니다. 이에 반해, 저는 공부도 못하는 주제에 과제물과 준비물마저 잘 해오지 않는 불성실한 학생이었습니다. 이런 학교생활은 교회생활에도 큰 영향을 끼쳤습니다.

초등학생 – 당시는 국민학생 – 시절과 중학생 시절은 큰 대조가 되었습니다. 초등학교에서는 부모님이 모두 교사였습니다. 아버지와 어머니의 동료 교사들이 담임인 적이 자주 있었습니다. 여러 선생님 심지어 경비 아저씨와 구내 이발사 아저씨조차 저를 귀여워했습니다. 5~6학년 때는 교회에서 목사님의 이종사촌 동생이었고, 개척 멤버의 자녀였습니다. 그러나 중학생이 되자, 어느 순간부터 학교에서 그저 그런 학생이 되었습니다. 교회에서는 (물론 작은 형님이 함께 출석하긴 했으나) 저 혼자 출석하는, 부모가 누군지 모르는 아이였습니다. 주일에 중고등부에만 참석하고 집에 돌아가는 그렇고 그런 아이일 뿐이었습니다. 어쩔 수 없이 빠지지 않고 출석하긴 했으나 교회생활이

점점 따분해졌습니다. 저는 학교에서도, 교회에서도, 그리고 가정에서도 - 특히 어머니에게 - 기대 이하의 학생이자 아들이었습니다.

오직 은혜

창조주 하나님께서 살아계심을 의심해본 적이 없습니다. 주 예수 그리스도께서 나의 구주이심을 굳게 믿었습니다. 하나님께서 삼위일체이심을 부모님으로부터, 그리고 목사님과 전도사님, 주일학교 선생님께 듣고 배웠으며 항상 믿었습니다. 그러나 구원의 확신은 청소년기에야 비로소 생겼습니다.

중학교 3학년 때 여름 수련회에 참석했습니다. 청도의 한 수련원에서 창세기 32장에 기록된 야곱의 씨름 사건을 본문으로 한 설교를 들었습니다. 이루 말로 표현할 수 없는 감격이 속에서 우러나왔습니다. 몇 시간을 울었는지 모릅니다. 나 같은 죄인을 사랑하신 하나님! 죄인을 사랑하여 독생자를 보내신 하나님! 이미 구원받은 자였으나, (구원파에서 말하는 것처럼 몇 날 몇 시가 아니라) 그때부터 서서히 구원의 확신이 생겼습니다.

겨울에는 부산지역 교회들을 대상으로 한 SFC 수련회에 우리 교회도 참여했습니다. 구덕산 수련원이었던 것으로 기억합니다. 수십 개의 교회에서 중·고·대학생들이 모였습니다. 가장 기억에 남는 설교는 누가복음 15장에 기록된 탕자 비유를 본문으로 한 설교입니다. 수련회를 마치고 돌아오는 버스 안에서도, 집에 돌아온 이후에도 그때들은 하나님의 말씀을 잊을 수 없었습니다.

그렇게 중학생 시절이 끝나고 고등학생이 되었습니다. 당시 부산의 대다수 인문계 고등학교 학생들은 매주 월요일 1교시에 국어, 수학, 영어를 돌아가며 시험을 쳐야 했습니다. 이 때문에 고등학생이 되면 교회 안에 보이지 않는 학생들이 하나둘씩 늘어납니다. 고등학교 3학년이 되자, 직분자의 자녀인 제 친구들 대부분이 예배 시간에 보이지 않았습니다. 잠시 중고등부에 얼굴을 비추고 급히 독서실로 가기만 해도 신앙이 좋은 축에 들었습니다.

그러나 오히려 저의 예배생활은 고등학생이 된 이후 비로소 제자리를 찾았습니다. 스스로 주일 두 번의 예배에 참석하기 시작한 것이 그때부터였습니다. 수요기도회, 금요철야기도회뿐 아니라 매일 새벽기도회를 참석하고 등교했습니다. 예배당 추운 마룻바닥에 누워 잠을 청하면, 거기서 기도하다 주무시는 권사님들이 자주 저를 위해 기도해주셨습니다. 언제부터인가, 하나님께서 이 추한 죄인을 목사로 불러주신다면 숨을 거두는 날까지 헌신하겠노라고 기도하게 되었습니다.

충격

저는 고등학교 2학년 때 학습(봄)과 세례(가을)를 받았습니다. 그런데 충격적인 일을 접했습니다. 어떤 학생이 학습 기간을 거치지 않고 곧바로 입교하는 장면이었습니다. 입교식은 세례보다 훨씬 간명했습니다. 물을 붓거나 하지 않고, 일어서서 서약하는 것만으로도 성찬을 받는 교인이 되었다는 선언을 받았습니다. 이유를 물어보니 유아 때 세례를 받았다는 것입니다. 저는 그때 처음으로 '유아세례'가 있다는 사실을 알게 되었습니다.

　그 사건은 제게 큰 충격이었습니다. 어릴 때부터 유아들에게 세례를 시행해야 한다는 설교나 가르침을 받은 기억이 없었기 때문입니다. 어머니 모태에서부터 장로교회에 출석했는데도 말입니다. 어쩌면 어릴 때 유아세례식을 목격했을 수도 있으나, 기억은 전혀 없습니다. 중등부 때는 예배는 참석하지 않고 중고등부 모임에만 참석했으니 당연히 본 적이 없습니다.

　'아기가 신앙을 직접 고백하지 못하는데도 세례를 줄 수 있나?'
　'정작 신앙을 고백하는 사람은 부모님인데, 어떻게 아기에게 세례를 주는 것일까?'
　'유아세례를 받았다 하더라도 나이가 들어 신앙을 고백하게 되면, 그때는 한 번 더 세례를 주어야 하지 않은가?'

서원(?) 또는 헌아(獻兒)(?)

　집에 돌아와 부모님께 물었습니다. 교회 중고등부 선생님께도 물었습니다. 전도사님께도 물었습니다. 조금씩 달랐으나, 제가 들은 모든 대답의 공통점은 이것이었습니다.

　"유아세례는 부모가 자신의 아이를 하나님께 바치는 거란다. 즉, 신앙으로 양육하겠다는 일종의 서원과 비슷한 것이지."

한나가 서원대로 사무엘을 하나님께 바친 실례를 말씀해주시는 분도 계셨습니다. 상당히 명쾌해졌습니다. 그러나 의문이 완전히 해소되지 않았습니다.

"당시 이스라엘 백성들이 많이 있었는데, 그 사람들이 모두 자기 아이를 한나처럼 하나님께 바치겠다고 서약해야 했나요?"

"그건 아니지. 한나는 아주 특별한 경우지. 사무엘은 기도 응답으로 태어난 특별한 아기잖아."

"그러면 그런 특별한 아기만 하나님께 바치나요? 유아세례를 받은 아기의 부모는 자기 아이가 특별한지 아닌지 어떻게 알지요?"

"음, 글쎄다."

부모님께는 가장 궁금한 질문을 했습니다.

"저는 모태신앙인데, 왜 유아세례를 받지 않았나요?"

"응, 유아세례는 자기 아기를 하나님께 바치겠다고 서원하는 마음이 들 때 하는 거란다. 교회에서도 유아세례를 원하는 사람은 신청하라고 하잖니?"

"그럼, 유아세례가 의무는 아니겠네요?"

"의무는 아니지. 그러니까 우리가 너에게 유아세례를 주려고 신청하지 않았지. 유아세례 그 자체보다는 네가 자라서 스스로 신앙을 고백하는 것이 중요한 거야."

제가 부모님과 교회 어른들에게 들은 내용대로라면, 유아세례는 일종의 특별한 서원과도 같았습니다. 그리고 일종의 헌아(獻兒) 행위였습니다. 그리고 하면 유익하기는 하나, 그리스도인의 의무는 아니었습니다.

언약의 표와 인

성인이 되어서야, 아니 좀 더 정확히 말하자면 성인이 된 지 한참이 지나서야 알게 되었습니다. 유아세례는 서원이나 헌아의 의미를 포함하지만, 이를 훨씬 뛰어넘는 언약의 행위임을 알게 되었습니다. 하나님과 맺은 언약의 표와 인이라는 사실을 깨닫게 되었습니다.

그리스도인 중에 특별히 자기 아이를 하나님께 바치겠다고 서원하는 사람들만 유아세례를 시행해도 된다면, 하나님께서 왜 "할례를 받지 아니한 … 자는 백성 중에서 끊어지리니 그가 내 언약을 배반하였음이니라"(창 17:14)고 말씀하셨겠습니까? 모세는 왜 유아들도 여호와 하나님의 언약에 참예한 그분의 백성(신 29:10~13)이라고 선언했겠습니까? 그리스도께서 왜 "어린아이들이 내게 오는 것을 용납하고 금하지 말라"(눅 18:16)고 명령하셨겠습니까? 오순절에 성령 받은 베드로가 왜 "세례를 받고 죄 사함을 받으라"고 하면서 "이 약속은 너희와 너희 자녀와 모든 먼 데 사람 곧 주 우리 하나님이 얼마든지 부르시는 자들에게 하신 것이라"(행 2:38~39)고 외쳤겠습니까? 사도 바울이 왜 짝 믿는 가정의 자녀도 거룩하다(고전 7:14)고 가르쳤겠습니까? 디모데에게 왜 "네가 어려서부터(직역: 유아부터) 성경을 알았나니"(딤후 3:15)라고 단언했겠습니까? 아기는 자기 스스로 신앙조차 고백하지 못하는데도 말입니다. **유아세례**는 **언약의 표와 인**이며, **언약 백성의 마땅한 책무**입니다.

글의 전개

유아세례와 그 의미를 알지 못했던 저의 과거는 이 글을 쓴 계기가 되었습니다. 이 글은 전체 5부 14장으로 구성되어 있습니다. **제1부**는 '**유아세례의 기초**'입니다. 유아세례는 삼위 하나님의 계획과 성취와 적용 사역의 일부입니다. 유아세례는 인간이 만든 제도가 아닙니다. 삼위 하나님께서 제정하신 거룩한 규례입니다. 성경 전체는 통일성과 일관성을 유지하면서 유아세례의 필요성과 정당성을 자증합니다. **제2부**는 '**구약성경과 유아세례**'입니다. 세례는 새 언약의 표와 인이지만, 그 근거는 옛 언약에서부터 출발했습니다. 구약성경 전체는 유아세례의 필요성과 정당성을 계시합니다. **제3부**는 '**예수님과 유아세례**'입니다. 예수 그리스도 자신이 언약 백성의 참된 본이자 율법의 성취자로서 유아세례의 필요성과 정당성을 몸소 입증하시고, 또 가르치십니다. **제4부**는 '**사도들과 유아세례**'입니다. 사도들은 예수님께서 제정하신 세례 명령에 순종했습니다. 사도들은 유아들이 세례의 대상이 아니라고 가르친 적이 단 한 번도 없습니다. 그들은 언제나 유아들을 언약 백성의 일부로 보고 가르쳤으며, 그들을 세례의 대상으로 보고 시행했습니다. **제5부**는 '**한 세례 안에서 건설되는 새 가족**'입니다. 세례는 혈통을 초월하는 새 가족을 창조하며 유지합니다. 유아세례 역시 마찬가지입니다. 우리는 단 하나의 세례를 고백합니다. 즉, 유아세례와 성인세례는 두 종류의 세례가 아니라 단 하나의 세례입니다.

소망

한낱 죄인이 쓴 졸고이지만, 이 글에는 소망이 담겨 있습니다. 먼저, 이 글이 로뎀장로교회의 열여섯 새싹과 샘터교회의 더 많은 새싹을 자라게 하는 작은 거름이 되길…. 둘째, 나아가 한국 교회의 수많은 새싹을 자라게 하는 불씨가 되길…. 셋째, 언약의 부모들이 자신의 책무를 깨달아 실천하는 지침을 발견하길…. 넷째, 불신가정에서 자란 미혼 청년들이 기독교 가정을 꿈꾸는 용기를 얻길…. 다섯째, 이 글을 읽는 모든 이들이 혈통과 육신을 초월하는 새 가족인 교회를 건설하는 지혜를 얻길….

이런 소망을 갖고 기도할 수 있는 이유는 한국 교회의 현실을 바라보기 때문이 아닙니다. 약속에 신실하신 삼위일체 하나님만이 사나 죽으나 우리의 유일한 위로이시기 때문입니다. 하나님께서는 추한 죄인을 거룩한 도구로 사용하여 그분 홀로 영광 받으십니다. 미천한 자의 얕은 지식과 지혜를 움직여 그분의 거대한 섭리를 전개하십니다.

"누구든지 그리스도와 합하여 세례를 받은 자는 그리스도로 옷 입었느니라"(갈 3:27)

교회사 속에서 정통 신앙을 고백하는 교회는 유아들이 언약 백성이며, 그들도 세례를 받아야 할 대상이라고 언제나 강조해왔습니다. 특히 전(全) 세계의 보편적 장로교회와 개혁교회는 더욱더 그러합니다.

그러나 오늘날 많은 교회들이 **유아세례**Paedo-baptism를 거부합니다. 그들의 주장에 따르면, 세례는 오직 예수 그리스도를 구주로 고백하는 자에게만 시행해야 한다는 것입니다. 유아들은 신앙을 고백할 수 없기 때문에 세례의 대상이 아니라는 것입니다. 그래서 이들은 **성인세례** Adult-baptism만을 받아들입니다. 이 주장은 대단히 일리 있게 들리며, 한국 교회 전반에 널리 퍼져 있습니다. 심지어 한국의 장로교회 교인 중에서도 자신의 자녀에게 유아세례를 시행하지 않는 분들이 상당합니다. 그러나 이는 성경의 가르침과는 거리가 멉니다.

첫째, **구·신약성경**은 유아세례의 필요성과 정당성을 일관성 있게 계시합니다. 둘째, 장로교회 신앙 표준인 **웨스트민스터 신앙고백서와 대·소교리문답** 역시 마찬가지입니다. 셋째, 한국 장로교회의 **교회 질 서**Church Order, 즉 『**헌법**』은 이러한 성경과 신앙고백의 기초 위에서 작성되었습니다.

이상의 세 가지는 **계시 역사**와 **교회사**, 그리고 **전(全) 세계의 공교회** 가 유아세례를 가르치고 있다는 뜻입니다. 이것이 사실이라면, 우리는 성경과 (신앙고백과 교리문답으로 대변되는) 교회사와 교회 질서를 통해 유아세례를 배워야 하고 또 시행해야 합니다.

제1장 동일하신 한 분 하나님과 성경의 통일성

제2장 삼위 하나님의 사역과 유아세례

제1부

유아세례의 기초

동일하신 한 분 하나님과
성경의 통일성

"형제들아 너희가 알지 못하기를 내가 원치 아니하노니 우리 조상들이 다 구름 아래 있고 바다 가운데로 지나며$_1$ 모세에게 속하여 다 구름과 바다에서 세례를 받고$_2$"(고전 10:1~2)

"그들은 전에 노아의 날 방주 예비할 동안 하나님이 오래 참고 기다리실 때에 순종치 아니하던 자들이라 방주에서 물로 말미암아 구원을 얻은 자가 몇 명뿐이니 겨우 여덟 명이라$_{20}$ 물은 예수 그리스도의 부활하심으로 말미암아 이제 너희를 구원하는 표니 곧 세례라 육체의 더러운 것을 제하여 버림이 아니요 오직 선한 양심이 하나님을 향하여 찾아가는 것이라$_{21}$ 저는 하늘에 오르사 하나님 우편에 계시니 천사들과 권세들과 능력들이 저에게 순복하느니라$_{22}$"(벧전 3:20~22)

"그는 우리의 화평이신지라 둘로 하나를 만드사 중간에 막힌 담을 허시고$_{14}$ 원수 된 것 곧 의문에 속한 계명의 율법을 자기 육체로 폐하셨으니 이는 이 둘로 자기의 안에서 한 새사람을 지어 화평하게 하시고$_{15}$ 또 십자가로 이 둘을 한 몸으로 하나님과 화목하게 하려 하심이라 원수 된 것을 십자가로 소멸하시고$_{16}$ 또 오셔서 먼 데 있는 너희에게 평안을 전하고 가까운 데 있는 자들에게 평안을 전하셨으니$_{17}$ 이는 저로 말미암아 우리 둘이 한 성령 안에서 아버지께 나아감을 얻게 하려 하심이라$_{18}$"(엡 2:14~18)

제1장

동일하신 한 분 하나님과
성경의 통일성

유아세례 반대자

"성경에는 유아세례라는 용어도, 유아들에게 세례를 베풀었다는
표현도 전혀 나타나지 않습니다."

유아세례 반대자들은 자주 이렇게 말합니다. 그들의 주장이 조금
씩 다르긴 하지만, 대체로 공통된 주장을 요약하면 다음과 같습니
다.

① 세례의 필요조건:
세례는 신앙을 고백하는 사람에게만 베풀어야 한다.

② **신앙고백을 할 수 없는 유아와 세례:**

유아들은 신앙을 고백할 수 없으니 세례의 대상이 아니다.

③ **유아세례에 대한 성경의 증거:**

성경에는 유아들에게 세례를 베풀었다는 증거가 없다. 성경에서 성인세례 외의 다른 실례를 발견할 수 없다.

④ **할례와 세례의 불연속성**discontinuity**:**

세례는 부활하신 예수 그리스도의 명령(마 28:19~20)으로 시작된 것이다. 그러니 구약의 할례는 그 형식에 있어서나 내용, 그리고 본질에 있어서 신약의 세례와는 전혀 다르다.

몇 가지 문제점

그러나 그들의 주장에는 몇 가지 심각한 문제가 있습니다.

첫째, '유아세례'라는 용어 또는 유아에게 세례를 베풀었다는 어떤 **명시적인 표현**이 없다는 이유를 들어 유아세례가 비성경적이라고 단정하는 것은 매우 위험한 발상입니다. 성경에는 '삼위일체'라는 용어 역시 단 한 번도 등장하지 않습니다. 만일 누군가가 이를 근거로 삼위일체를 부인해도 됩니까?[1] 성경 전체의 내용과 많은 증거 구절들은 삼위일체 하나님을 분명하게 계시합니다. 유아세례

---

1) 널리 알려진 대로, 여호와의 증인들은 이런 방식의 논증을 사용하여 삼위일체 교리를 부인합니다.

역시 마찬가지입니다.

둘째, 성경에는 **유아들이 세례에서 제외되었다는 증거** 역시 전혀 나타나지 않습니다. 도대체 성경 어디에 언약 백성의 유아를 세례에서 제외했다는 구절이 있습니까? 오히려 성경은 유아들을 언약 공동체(교회)의 일원으로 보며, 유아들 역시 언약의 표와 인(印)을 가져야 할 필요성을 일관성 있게 계시합니다.

셋째, 무엇보다도 유아세례를 반대하는 주장은 **구약과 신약성경의 통일성**을 약화합니다. 세례의 의미를 단지 신약성경에서만 찾으려 하기 때문입니다.

예수님께서 제정하셨다는 이유를 들어 신약의 세례를 구약의 할례와 단절시키려면, 성찬에 대해서도 같은 입장이어야 하지 않겠습니까? 신약의 성찬 역시 예수님께서 제정하셨기 때문입니다(눅 22:14~20; 참고. 마 26:26~29; 막 14:22~25; 고전 11:23~26). 그러나 예수님께서는 일부러 유월절 식사에 맞추어 성찬식을 제정하셨습니다. 그분의 몸과 피를 상징하는 떡과 잔이 유월절 어린양의 몸과 피를 성취하는 것임을 보여주시기 위해서입니다. 구약시대 이스라엘 백성들이 유월절 밤에 흠 없는 어린양의 고기를 먹고, 문지방과 인방에 피를 바른 것은 신약시대 성찬을 예표합니다. 그 외적인 방식에서 차이가 있을 뿐 본질은 같습니다. 예수 그리스도 자신이야말로 우리를 대속하는 유월절 어린양이시기 때문입니다. 차이가 있다면, 한쪽은 그림자shadow와 모형type과 예언prophecy이요, 다른 한쪽은 실재reality와 원형archetype과 성취fulfillment라는 점입니다.

이뿐 아닙니다. 신약성경은 노아 시대의 대홍수 사건과 모세 시대의 홍해 사건을 가리켜 "세례"라고 부르고, 더 나아가 이를 신약 교회에게 주시는 원리로 적용합니다(벧전 3:20~22; 고전 10:1~2, 11~12). 어디 이뿐입니까? 신약성경은 구약의 만나 사건과 반석에서 물을 마신 사건 역시 신약의 성찬으로 연결하여 교훈합니다. 예수님께서는 오병이어로 오천 명을 먹이신 표적을 구약의 만나 사건과 신약의 성찬으로 연결하여 가르치십니다.

"저희가 묻되 그러면 우리로 보고 당신을 믿게 행하시는 표적이 무엇이니이까, 하시는 일이 무엇이니이까30 기록된바 하늘에서 저희에게 떡을 주어 먹게 하였다 함과 같이 우리 조상들은 광야에서 **만나**를 먹었나이다31 예수께서 이르시되 내가 진실로 진실로 너희에게 이르노니 하늘에서 내린 떡은 모세가 준 것이 아니라 오직 내 아버지가 하늘에서 내린 참떡을 너희에게 주시나니32 하나님의 떡은 하늘에서 내려 세상에게 생명을 주는 것이니라33 저희가 가로되 주여 이 떡을 항상 우리에게 주소서34 예수께서 가라사대 **내가 곧 생명의 떡**이니 내게 오는 자는 결코 주리지 아니할 터이요 나를 믿는 자는 영원히 목마르지 아니하리라35 … 진실로 진실로 너희에게 이르노니 믿는 자는 영생을 가졌나니47 **내가 곧 생명의 떡이로라**48 **너희 조상들은 광야에서 만나를 먹었어도 죽었거니와** 49 **이는 하늘로서 내려오는 떡이니 사람으로 하여금 먹고 죽지 아니하게 하는 것이니라**50 **나는 하늘로서 내려온 산 떡이니 사람이 이 떡을 먹으면 영생하리라 나의 줄 떡은 곧 세상의 생명을 위한 내 살이로라** 하시니라51 이러므로 유대인들이 서로 다투어 가로되 이 사람이 어찌 능히 제 살을 우리에게 주어 먹게 하겠느냐52 예수께서 이르시되 내가 진실로 진실로 너희에게 이르노니 인자의 살을 먹지 아니하고 인자의 피를 마시지 아니하면 너희 속에 생명이 없느니라53 내 살을 먹고 내 피를 마시는 자는 영생을 가졌고 마지막 날에 내가 그를 다시 살리니54 **내 살은 참된 양식이요 내 피는 참된 음료로다**55 내 살을 먹고 내 피를 마시는 자는 내 안에 거하고 나도 그 안에 거하나니56 살아 계신 아버지께서 나를 보내시매 내가 아버지로 인하여 사는 것같이 나를 먹는 그 사람도 나로 인하여 살리라57 이것은 **하늘로서 내려온 떡**이니 조상들이 먹고도 죽은 그것과 같지 아니하여 이 떡을 먹는 자는 영원히 살리라58"(요 6:30~35, 47~58)[2]

사도 바울은 구약시대 이스라엘이 하늘에서 내린 만나를 먹고(출애굽기 16장), 반석에서 흘러나온 물을 마신 사건(출 17:1~7; 민 20:1~13)을 가리켜 "신령한 식물"을 먹고 "신령한 음료"를 마셨다고 표현합니다. 여기서 더 나아가 이스라엘 백성에게 신령한 음료를 준 이 반석이 바로 "그리스도"시라고 선언합니다.

"다 같은 **신령한 식물**을 먹으며3 다 같은 **신령한 음료**를 마셨으니 이는 저희를 따르는[3] 신령한 반석으로부터 마셨으매 **그 반석은 곧**

2) 이 본문을 성찬으로 연결하여 설명한 개혁주의 신학자의 글로는 R. Letham, 『The Lord's Supper: Eternal Word in Broken Bread』 (Phillipsburg, NJ: R&R, 2001), 7~15를 참고하십시오.
3) 한글개역성경과 한글개역개정성경에서 "따르는"으로 번역된 헬라어 "ἀκολουθούσης

그리스도시라[4]"(고전 10:3~4)

성경의 원저자는 성령 하나님이십니다. 하나님께서 세례와 성찬의 의미를 구약과 연결해 설명하셨다면, 누가 이에 대항하여 다음과 같이 말하겠습니까?

"하나님, 세례는 신약에만 나오지 않습니까? 할례는 세례와는 전혀 다르다고요. 세례는 예수님께서 제정하신 것이기에 할례와 연결해서 설명하면 안 됩니다."

동일하신 한 분 하나님

예수님과 사도들이 신약의 세례와 성찬을 구약성경에 근거하여 설명한 이유가 있습니다. 성경 전체가 언약 – 옛 언약과 새 언약 – 이기 때문입니다. 약속하신 이는 하나님이십니다. 새 언약을 주신 분은 이전에 옛 언약을 주신 바로 그 하나님이십니다. 주님은 어제나 오늘이나 동일하십니다(히 13:8). 이 때문에 우리는 구약과 신약을 이렇게 고백합니다.

"… 그러므로 실체가 다른 두 은혜언약이 아니라, **배포만 다른 동**

(아콜루쑤세스)"는 "뒤따라가다(follow/go along behind/come after)", "함께 가다(go along with)", "동반하다(accompany)"라는 뜻을 가진 헬라어 동사 "ἀκολουθέω(아콜루쒜오)"의 여성, 단수, 속격, 현재, 능동태, 분사입니다. 이는 마치 이 반석이 이스라엘의 40년 광야생활 내내 따라다니면서 생명의 음료를 준 것처럼 묘사한 표현입니다.

일한 하나의 언약만이 있다."(웨스트민스터 신앙고백서 7:6)

우리가 세례를 논할 때, 구약성경에서부터 시작해야 하는 이유가 바로 여기에 있습니다.

성경의 통일성

사도 베드로는 **대홍수 사건을 신약의 세례로 연결**합니다.

"그들은 전에 노아의 날 방주 예비할 동안 하나님이 오래 참고 기다리실 때에 순종치 아니하던 자들이라 방주에서 물로 말미암아 구원을 얻은 자가 몇 명뿐이니 겨우 여덟 명이라20 물은 예수 그리스도의 부활하심으로 말미암아 이제 너희를 구원하는 **표**($\mathrm{ἀντίτυπον}$, 안티튀폰)[4]니 곧 **세례**라 육체의 더러운 것을 제하여 버림이 아니요 오직 선한 양심이 하나님을 향하여 찾아가는 것이라 21 저는 하늘에 오르사 하나님 우편에 계시니 천사들과 권세들과 능력들이 저에게 순복하느니라22"(벧전 3:20~22)

---

4) 한글개역성경과 한글개역개정성경에서 "표"로 번역된 헬라어 단어 "$\mathrm{ἀντίτυπος}$(안티튀포스)"는 "~에 상응하는(corresponding to)", "~의 대형(짝)으로서 상응하는(serving as a counterpart to)"이라는 뜻을 가진 형용사입니다. 명사적인 용례로는 "대형(antitype)", "복사본(copy)" 등의 의미가 됩니다. 이 단어는 신약성경에서 히 9:24; 벧전 3:21에서만 등장하는데, 두 구절 모두 예표(모형, type)와 그림자(shadow)를 의미하는 한쪽과 이에 대한 성취(fulfillment)와 실체(reality)가 되는 다른 한쪽(짝)을 서로 비교, 대조하기 위해 사용되었습니다. 즉, 두 구절 모두에서 이 단어는 상대방 짝에 대한 "대형(antitype)"이라는 뜻을 나타냅니다. 벧전 3:21에서는 홍수와 세례, 히 9:24에서는 땅 위의 그림자 성소와 하늘의 참 성소가 서로 짝을 이룹니다.

사도 바울은 **홍해 사건을 신약의 세례로 연결**합니다.

"형제들아 너희가 알지 못하기를 내가 원치 아니하노니 우리 조상
들이 다 구름 아래 있고 바다 가운데로 지나며₁ 모세에게 속하여
다 구름과 바다에서 **세례**를 받고₂ … 저희에게 당한 이런 일이 **거
울**(τυπικῶς, 튀피코스)⁵이 되고 또한 말세를 만난 우리의 경계로 기
록하였느니라₁₁ 그런즉 선 줄로 생각하는 자는 넘어질까 조심하라
₁₂"(고전 10:1~2, 11~12)

이것이 어떻게 가능합니까? 대홍수는 방주 밖에 있는 사람들을
심판하는 물입니다. 죄의 삯이 사망(참고. 롬 6:23)임을 보여줍니다.
동시에 이는 방주 안에 있는 사람들을 살리는(구원하는) 물이기도
합니다. 당대의 중보자 노아와 함께 방주 안에 있는 자들은 이 물
을 통해 부활을 체험합니다. 마찬가지로, 하나님의 능력으로 갈라
지고 합쳐진 홍해는 바로와 그의 군대를 심판하는 물입니다. 그들
을 사망으로 던져버립니다. 동시에 이는 출애굽 한 백성들을 살리
는(구원하는) 물이기도 합니다. 당대의 중보자 모세에게 속하여 함께

---

5) 한글개역성경에서는 "거울이 되고"로, 한글개역개정성경에서는 "본보기가 되고"로
번역된 헬라어 단어 "τυπικῶς(튀피코스)"는 "모형(type/pattern/mold)"이라는 뜻의
"τύπος(튀포스)"의 부사 형태입니다. 한편 대다수 소문자 사본들은 "τυπικῶς(튀피코
스)" 대신 "τύπος(튀포스)"의 남성 복수 주격인 "τύποι(튀포이)"를 사용하여 "πάντα
τύποι(판타 튀포이)", 즉 "이 모든 일들이 모형"이라고 기록합니다. 중요한 사실은 이
본문은 (홍해 사건을 포함하여) 이스라엘 백성들에게 발생한 광야생활 중에 발생한 여
러 사건들을 신약 교회에게 교훈을 주기 위한 일종의 모형으로 설명하고 있다는 점입
니다. 그러므로 (홍해 사건을 세례의 모형으로 설명한) 성경의 이 논증은 세례를 구약
성경과 단절시킬 수 없는 강력한 증거가 됩니다.

이 물을 지나간 자들은 부활을 체험합니다.

구약시대의 이 사건들은 예수 그리스도와 연합하여 받는 세례와 동일한 원리 위에 있습니다. 세례는 하나님께 반역한 죄인을 죽이는 심판의 물입니다. 옛 사람을 파괴하는 물입니다. 동시에 이는 영원한 중보자 예수 그리스도를 믿고 고백하는 자들을 살리는(구원하는) 물입니다. 새 노아의 방주 공동체, 새 모세의 출애굽 공동체의 일원으로 연합시키는 부활의 물입니다.[6]

혹 방주에 올라탄 노아의 세 아들에게 아직 자녀가 없었다는 이유를 들어 하나님께서 유아들을 세례에서 배제하셨다고 주장해서는 안 됩니다.[7] 홍해를 건널 때는 유아들까지 모두 지나가지 않았습니까? 이 두 사건의 공통점은 이것입니다. **언약 공동체에 속한 모든 자는 세례를 받아야 한다**는 점입니다. 여기에는 누구도 예외가 될 수 없습니다.

---

6) 홍수는, 당대의 중보자 노아에게 속한 자들을 아담 언약 시대에서 노아(무지개/활) 언약 시대로 전이시키는 외적인 표(sign)가 되었습니다. 홍해는, 당대의 중보자 모세에게 속한 자들을 족장 언약 시대에서 모세(시내산/성막) 언약 시대로 전이시키는 외적인 표(sign)가 되었습니다. 마찬가지로 오순절 성령 강림 때의 세례는, 영원한 중보자 예수 그리스도께 속한 자들을 할례로 상징되는 옛 언약 시대에서 새 언약 시대로 전이시키는 외적인 표(sign)가 되었습니다. 지금도 세례는 사망의 몸(옛 사람)에 속한 우리를 그리스도의 몸 된 교회(새 사람)로 전이시키는 외적인 표(sign)입니다.

7) 창 11:10에 의하면, 노아의 아들 "셈은 일백 세 곧 홍수 후 이 년에 아르박삿을 낳았"습니다.

■ 복습을 위한 질문

1. 유아세례 반대자들이 드는 근거가 무엇입니까?

2. 유아세례 반대자들의 주장에는 어떤 문제점들이 있습니까?

3. 성경의 통일성과 하나님과의 관계에 대해 설명해보십시오.

4. 웨스트민스터 신앙고백서 7장 6절은 구약과 신약의 관계를 어떻게 요약합니까?

5. 대홍수와 홍해 사건이 어떤 점에서 신약의 세례와 본질적으로 동일합니까?

6. 한 걸음 더 옛 사람의 사망(심판)과 새 사람으로의 부활(구원)이라는 세례의 의미를 교회/성도의 거룩성과 연결하여 서로 말해봅시다.

삼위 하나님의 사역과 유아세례

"이뿐 아니라 또한 리브가가 우리 조상 이삭 한 사람으로 말미암아 잉태하였는데10 그 자식들이 아직 나지도 아니하고 무슨 선이나 악을 행하지 아니한 때에 택하심을 따라 되는 하나님의 뜻이 행위로 말미암지 않고 오직 부르시는 이에게로 말미암아 서게 하려 하사11 리브가에게 이르시되 큰 자가 어린 자를 섬기리라 하셨나니12 기록된바 내가 야곱은 사랑하고 에서는 미워하였다 하심과 같으니라13"(롬 9:10~13)

"사람들이 예수의 만져 주심을 바라고 자기 어린 아기를 데리고 오매 제자들이 보고 꾸짖거늘15 예수께서 그 어린아이들을 불러 가까이하시고 이르시되 어린아이들이 내게 오는 것을 용납하고 금하지 말라 하나님의 나라가 이런 자의 것이니라16 내가 진실로 너희에게 이르노니 누구든지 하나님의 나라를 어린아이와 같이 받들지 않는 자는 결단코 들어가지 못하리라 하시니라17"(눅 18:15~17)

"또 네가 어려서부터 성경을 알았나니 성경은 능히 너로 하여금 그리스도 예수 안에 있는 믿음으로 말미암아 구원에 이르는 지혜가 있게 하느니라"(딤후 3:15)

제2장

삼위 하나님의 사역과 유아세례

삼위 하나님의 구원 사역

유아세례가 꼭 필요한지, 또는 그것이 정당한지를 알 수 있는 또 하나의 증거가 있습니다. 그것은 삼위 하나님의 사역이 유아들에게 어떻게 미치는지에 대한 여부입니다. 우리의 구원은 삼위 하나님의 신실한 사역의 결과입니다. 우리가 한 것은 정말 아무것도 없습니다.[1] 성부께서는 영원한 작정 가운데 우리를 '선택'하셨습니다. 성자께서는 그 작정을 성취하여 우리를 '구속'하셨습니다. 성령께서는 성부의 선택과 성자의 구속을 우리에게로 '적용'하십니다.

---

1) 언약의 책무를 이행하지 않아도 괜찮다는 뜻이 아닙니다. 구원의 조건으로서 우리의 행위나 공로가 개입하지 않았다는 뜻입니다. 하나님께서는 우리에게 구원의 결과 또는 구원에 대한 감사로 순종을 요구하십니다.

이 적용 사역을 가리켜 '효력 있는 부르심'이라 부르기도 합니다.

성부께서 선택하여 보내신 자(요 6:44)를 성자께서 단 한 사람도 잃어버리지 않으시고(요 6:39~40,44) 성령의 능력으로 모두 살리십니다(요 6:63). 이를 명제로 표현하면 다음과 같습니다.

첫째, 성부께서 보내지 않으시면 누구도 성자에게로 올 수 없습니다(요 6:44).

둘째, 성자께 오지 않고서는 누구도 살아나지 못합니다. 성자께서는, 성부께서 자기에게 보내신 자를 단 한 사람도 잃어버리지 않으시고 모두 살리십니다(요 6:39~40,44).

셋째, 성부께서 보내어 성자께로 온 자를 성령이 살리십니다(요 6:63).

그러니 삼위 하나님의 이 구원 사역의 대상은 언제나 같으며 바뀌지 않습니다. 성부께서 선택하신 대상과 성자께서 구속하시는 대상은 같습니다. 성자께서 구속하시는 대상과 성령께서 효력있게 부르시는 대상 역시 같습니다. 단 한 사람의 예외도 없습니다. 삼위 하나님 사이에는 완전한 일치와 화평이 존재합니다. 이제 우리에게 남겨진 질문은 이것입니다. 성부의 선택과 성자의 구속, 그리고 성령의 효력 있는 부르심에 유아들이 포함됩니까?

성부 하나님의 선택과 유아

성경은 리브가의 배 속에 있던 야곱과 에서의 예를 들어 성부께서 선택하신 대상에 유아가 포함되어 있음을 보여줍니다.

> "이뿐 아니라 또한 리브가가 우리 조상 이삭 한 사람으로 말미암아
> 잉태하였는데10 그 자식들이 아직 나지도 아니하고 무슨 선이나
> 악을 행하지 아니한 때에 **택하심**을 따라 되는 하나님의 뜻이 행위
> 로 말미암지 않고 오직 부르시는 이에게로 말미암아 서게 하려 하
> 사11 리브가에게 이르시되 큰 자가 어린 자를 섬기리라 하셨나니12
> 기록된바 내가 야곱은 사랑하고 에서는 미워하였다 하심과 같으니
> 라13"(롬 9:10~13; 참고. 창 25:21~23; 말 1:3; 히 12:15~17 [2])

성자 예수 그리스도의 구속과 유아

성경은 성자께서 구속하시는 대상에도 유아들이 포함되어 있음
을 보여줍니다.

---

2) 히 12:15~17은 창 25:27~34와 창세기 27장의 사건에 대한 올바른 해석의 실마리가 됩
니다. 성경은 이 두 사건을 통해 야곱의 부도덕과 거짓말보다는 에서의 불신앙과 이
삭의 영적 어두움에 날을 세웁니다. 이런 불신앙과 영적 어두움 가운데서도 그 기쁘
신 뜻대로 구속사를 주도하시는 하나님을 계시합니다. 에서는 이미 젊을 때부터 불신
앙의 길을 걸어가고 있습니다. 그는 장자의 명분을 팥죽 한 그릇에 팔아넘깁니다(창
25:27~34). 이는 그가 하나님의 약속을 얼마나 경홀히 여겼는지를 단적으로 보여줍니
다. 창세기 27장의 핵심은 리브가와 야곱의 부도덕이 아닙니다. 하나님께서는 그분의
계시와 무관하게 에서를 축복하려 한 이삭의 무분별한 시도를 강권적으로 가로막으십
니다. 동시에 불신앙에 가득한 에서가 받을 복이 없음을 계시하십니다. 이 때문에 히브
리서 기자는 에서를 "망령된 자"로 평가하면서 수신자들의 정황 가운데 발생한 배교
자/이단자들에게로 연결합니다.

"사람들이 예수의 만져 주심을 바라고 자기 **어린 아기**(저자 주: 유아)[3]를 데리고 오매 제자들이 보고 꾸짖거늘[15] 예수께서 그 **어린아이들을**(저자 주: 그들을)[4] 불러 가까이하시고 이르시되 **어린아이들**[5]이 내게 오는 것을 용납하고 금하지 말라 하나님의 나라가 이런 자의 것이니라[16] 내가 진실로 너희에게 이르노니 누구든지 하나님의 나라를 **어린아이**[6]와 같이 받들지 않는 자는 결단코 들어가지 못하리라 하시니라[17]"(눅 18:15~17; 참고. 마 19:13~15; 막 10:13~16[7])

성령 하나님의 적용(효력 있는 부르심)과 유아

성부의 선택과 성자의 구속뿐 아니라 성령 하나님의 효력 있는 부르심 역시 값없이 주시는 은혜의 사역입니다.[8] 만일 **성부께서 선택하시고 성자께서 구속하시는 대상에 해당하는 유아들에게 성령**

---

3) "유아(infant)", "갓난아기(new born baby)"를 뜻하는 헬라어 단어 "βρέφος(브렢호스)"가 사용되었습니다. 이 단어는 이 구절 외에도 눅 1:41,44; 2:12,16; 행 7:19; 딤후 3:15; 벧전 2:2에서 사용되었는데, 단 한 번의 예외 없이 매우 어린 아기(유아) – 심지어 뱃속의 태아까지도 – 를 의미합니다.

4) 한글개역개정성경과 한글개역성경에서는 "어린아이들을"로 번역되었으나, 여기에 해당하는 헬라어 단어는 3인칭 대명사 "αὐτός(아우토스)"의 중성, 복수, 대격입니다. 이를 직역하면 "그들을"입니다.

5) "어린아이(very young child)", "유아(infant)"를 뜻하는 헬라어 단어 "παιδίον(파이디온)"이 사용되었습니다. 바로 앞 15절에서 사용된 "βρέφος(브렢호스)"에 비해 이 단어는 좀 더 폭넓은 연령층의 유아에게로 사용할 수 있는 단어입니다. 그러나 넓은 의미로 볼 때, 두 단어 모두 "유아(infant)"를 의미한다는 점에서 상호교체가 가능합니다.

6) 각주 5)를 보십시오.

7) 마태복음과 마가복음의 병행 본문은 "어린아이"를 표현할 때 "βρέφος(브렢호스)"를 사용하지 않고, 모두 "παιδίον(파이디온)"을 사용했습니다.

8) 웨스트민스터 신앙고백서 제10장; 대교리 제58~59, 66~68문답; 소교리 제29~32문답.

하나님의 효력 있는 부르심이 미칠 수 없다고 주장하는 이가 있다면, 그는 사실상 은혜 교리를 부인하고 있는 셈입니다. 성경은 세례 요한에 대해 이렇게 증거합니다.

> "엘리사벳이 마리아의 문안함을 들으매 **아이(저자 주: 유아)**[9]가 복중에서 뛰노는지라 엘리사벳이 성령의 충만함을 입어41 큰 소리로 불러 가로되 여자 중에 네가 복이 있으며 네 태중의 **아이(저자 주: 열매)**[10]도 복이 있도다42 내 주의 모친이 내게 나아오니 이 어찌 된 일인고43 보라 네 문안하는 소리가 내 귀에 들릴 때에 **아이(저자 주: 유아)**[11]가 내 복중에서 기쁨으로 뛰놀았도다44"(눅 1:41~44)

성경은 또한 디모데가 갓난아기 때부터 성경을 알았다고 말씀합니다.

> "또 네가 **어려서부터(저자 주: 갓난아기 때부터)**[12] 성경을 알았나니 성경은 능히 너로 하여금 그리스도 예수 안에 있는 믿음으로 말미암아 구원에 이르는 지혜가 있게 하느니라"(딤후 3:15)

---

9) 각주 3)을 보십시오.
10) "열매(fruit)"를 뜻하는 헬라어 단어 "καρπὸς(카르포스)"가 사용되었습니다.
11) 각주 3)을 보십시오.
12) "~로부터(from/out of)"를 뜻하는 헬라어 전치사 "ἀπὸ(아포)"와 각주 3)에서 설명한 헬라어 단어 "βρέφος(브렙호스)"가 전치사구를 이루어 "갓난아기 때부터(from babyhood)"라는 뜻이 됩니다.

이상에서 보건대, 우리는 유아들을 삼위 하나님의 구원 사역으로부터 분리할 수 없다는 사실을 분명히 알 수 있습니다. 유아들을 성부의 선택, 성자의 구속, 그리고 성령의 효력 있는 부르심의 범위 바깥에 두어서는 안 됩니다.

　성경이 유아들까지도 삼위 하나님의 구원 사역의 대상으로 말씀한다면, 누가 무슨 권세로 이 아이들을 세례의 대상에서 제외할 수 있겠습니까?

■ 복습을 위한 질문

1. 삼위 하나님께서 우리의 구원을 위해 하시는 사역을 말해보십시오.

2. 성부 하나님의 구원 사역의 대상에 유아들이 포함된다는 증거가 무엇입니까?

3. 성자 하나님의 구원 사역의 대상에 유아들이 포함된다는 증거가 무엇입니까?

4. 성령 하나님의 구원 사역의 대상에 유아들이 포함된다는 증거가 무엇입니까?

5. 한 걸음 더 삼위 하나님께서 이토록 유아와 어린아이들에게 깊은 애정과 관심을 두고 계신다면, 당회를 비롯한 교회 전체는 언약의 자녀들에게 어떤 태도를 가져야 합니까? 서로의 생각을 나누어봅시다.

제3장 할례와 유아세례
제4장 출애굽 교리문답과 유아세례
제5장 하나님 앞에 서 있는 언약의 자녀

제2부

구약성경과 유아세례

제3장

할례와 유아세례

"하나님이 또 아브라함에게 이르시되 그런즉 너는 내 언약을 지키고 네 후손도 대대로 지키라9 너희 중 남자는 다 할례를 받으라 이것이 나와 너희와 너희 후손 사이에 지킬 내 언약이니라10 너희는 양피를 베어라 이것이 나와 너희 사이의 언약의 표징이니라11 대대로 남자는 집에서 난 자나 혹 너희 자손이 아니요 이방 사람에게서 돈으로 산 자를 무론하고 난 지 팔 일 만에 할례를 받을 것이라12 너희 집에서 난 자든지 너희 돈으로 산 자든지 할례를 받아야 하리니 이에 내 언약이 너희 살에 있어 영원한 언약이 되려니와13 할례를 받지 아니한 남자 곧 그 양피를 베지 아니한 자는 백성 중에서 끊어지리니 그가 내 언약을 배반하였음이니라14 … 이에 아브라함이 하나님이 자기에게 말씀하신 대로 이날에 그 아들 이스마엘과 집에서 생장한 모든 자와 돈으로 산 모든 자 곧 아브라함의 집 사람 중 모든 남자를 데려다가 그 양피를 베었으니23 아브라함이 그 양피를 벤 때는 구십구 세이었고24 그 아들 이스마엘이 그 양피를 벤 때는 십삼 세이었더라25 당일에 아브라함과 그 아들 이스마엘이 할례를 받았고26 그 집의 모든 남자 곧 집에서 생장한 자와 돈으로 이방 사람에게서 사온 자가 다 그와 함께 할례를 받았더라27"(창 17:9~14,23~27)

제3장

할례와 유아세례

할례와 세례: 적대 관계 & 그림자(Shadow)와 실체(Reality)

사도 바울은 갈라디아 지역의 교회들에게 강한 어조로 선포합니다.

"보라 나 바울은 너희에게 말하노니 너희가 만일 할례를 받으면 그리스도께서 너희에게 아무 유익이 없으리라"(갈 5:2)

이 때문인지 오늘날 그리스도인 중 많은 이들이 할례와 세례를 적대 관계로 봅니다. 그렇게 생각하지 않는 사람들조차 이 둘 사이에는 큰 상관관계가 없다고 생각합니다.

그러나 정말 그렇습니까? 히브리서 기자는 주후 1세기 당대 유대주의자들과 그리스도인들에게 핵폭탄 같은 발언[1]을 쏟아냅니다.

"이는 황소와 염소의 피가 능히 죄를 없이 하지 못함이라"(히 10:4)

오직 예수님의 피만이 우리의 죄를 대속합니다. 그리스도인들은 이제 더 이상 희생 제사를 드려서는 안 됩니다. 이는 가증한 행위입니다. 그러나 이렇게 해야 하는 이유가 구약의 희생 제사와 예수님의 죽음이 서로 적대 관계이기 때문입니까?

당연히 아닙니다. 구약의 희생 제사는 예수님의 죽음에 대한 그림자입니다. 실체가 왔으니 그림자는 이제 물러가야 합니다. 구약의 희생 제사와 예수님의 죽음은 모습과 방식은 다르지만, 같은 교훈을 드러냅니다. 대속의 원리입니다. 이 둘은 서로 적대 관계가 아닙니다. 오히려 예수 그리스도를 중심으로 서로 조화되며 연결됩니다. 한쪽은 모형types과 그림자shadow와 예언prophecy이요, 다

---

1) 사도 시대의 예루살렘과 유대 지역의 교회는 물론이고 이방 지역의 교회들에서조차 교인 중 대다수는 회심하기 전에 회당에 출석하던 사람들 - 유대인과 이방인 - 이었습니다. 사도행전과 서신서에 의하면, 당시 세례를 받아 교회의 일원이 된 사람 중 꽤 많은 이들이 율법주의/유대주의(Legalism/Judaism)를 버리지 못했습니다. 이들은 신앙을 고백하고 세례를 받은 이방인들도 할례를 받아야 한다고 주장했습니다. 갈라디아서는 이 이단자들의 공격에 대한 변증입니다. 이 율법주의/유대주의 이단자들의 일부는 교회의 직분자들이 되어 거짓 복음을 설교하고 가르쳤습니다. 한편 교회 밖에서는 기독교로 개종하지 않은 유대인들의 핍박이 심했습니다. 그 결과, 세례를 받고 교회에 출석하는 사람 중 상당수가 구약의 제사와 할례를 버리지 못하여 다시 (돌로 만든) 성전과 회당으로 돌아갔습니다. 특히 히브리서는 이런 상황 가운데 기록되었습니다. 사도 시대의 교회가 언약의 중첩기 - 구약시대와 신약시대가 겹쳐 있는 시대 - 라는 독특한 상황 가운데 있었다는 점에 대해서는 권기현, 『방언이란 무엇인가: 방언에 대한 다섯 가지 질문과 구속사적 · 교회론적 · 예배론적 이해』(경북: R&F, 2016), 196~219를 참고하십시오.

른 한쪽은 원형archetype과 실체reality와 성취fulfillment입니다. 원래 모형과 그림자는 선한 규례입니다. 장차 올 원형과 실체를 멀리서 미리 희미하게 보여주기 때문입니다. 그러나 원형과 실체 – 예수 그리스도 – 가 왔는데도 그것을 받아들이지 않고 모형과 그림자를 계속 고수하면 되겠습니까? 그러한 행위가 가증하고 악한 것이지 그림자가 악한 것이 아닙니다. 신약의 서신서들이 다루는 핵심 주제 중 하나가 바로 이것입니다. 율법이 악하다는 편견을 버리십시오. 율법은 거룩합니다. 의롭습니다. 선합니다(참고. 롬 7:12). 오히려 실체이신 예수 그리스도께서 오셨는데도 그분을 거절하고 모형과 그림자를 고수하는 율법주의가 악합니다.

할례와 세례 역시 동일합니다. 구약의 할례는 신약의 세례에 대한 그림자입니다. 실체가 왔으니 이제 그림자는 물러가야 합니다. 희생 제사와 동일한 원리입니다. **할례가 세례와 적대 관계이기 때문이 아니라 모형과 그림자이기 때문**입니다. 갈라디아 지역의 거짓 교사들은 세례받은 이방인 출신 그리스도인들에게 할례를 받으라고 강요했습니다. 할례 그 자체가 아니라 실체(세례)가 왔는데도 그림자(할례)를 고집하는 거짓 교사들의 가르침이 악하고 가증합니다. 그러므로 우리는 **(모형과 그림자와 예언인) 할례를 통해 (원형과 실체와 성취인) 세례의 의미를 발견**할 수 있고, 또 그래야 합니다.

언약의 표

성경 최초의 할례가 창세기 17장에 기록되어 있습니다. 아브람이 구십구 세에 하나님께서 그에게 나타나 할례를 시행하라고 명하십니다. 이때 하나님께서는 할례를 가리켜 **"언약의 표징[2]"**이라고 말씀하십니다.

> "너희는 양피를 베어라 이것이 나와 너희 사이의 **언약의 표징**이니라"(11절)

언약 백성은 언제나 표를 지니고 살아야 합니다. 이 표가 없는 사람은 언약을 배반한 자로 간주하여 그 백성 중에서 끊어질 것입니다.

> "할례를 받지 아니한 남자 곧 그 양피를 베지 아니한 자는 백성 중에서 끊어지리니 그가 내 언약을 배반하였음이니라"(14절)

하나님께서 친히 제정하신 할례는 (예수 그리스도께서 친히 제정하신) 신약의 세례(마 28:19)에 대한 그림자입니다. 이 둘의 외적 양상은 다르나 그 의미는 본질적으로 동일합니다. 할례를 평생 단 한 번 받지만, 그 표의 의미는 영원합니다. 할례는 "영원한 언약"에 대한 가시적 표입니다.

---

2) 여기서 "표징"으로 번역된 히브리 단어 "אוֹת(오트)"는 "표(sign/mark)", "기호(banner)" 등을 의미합니다. 롬 4:11에서 사도 바울은 할례를 "표(σημεῖον, 쎄메이온)"라고 부르는데, 이는 신약성경에서 자주 "표적(sign)"으로 번역되는 바로 그 단어입니다.

"내가 내 언약을 나와 너와 네 대대 후손의 사이에 세워서 **영원한 언약**을 삼고 너와 네 후손의 하나님이 되리라, … 너희 집에서 난 자든지 너희 돈으로 산 자든지 할례를 받아야 하리니 이에 내 언약이 너희 살에 있어 **영원한 언약**이 되려니와₁₃ … 하나님이 가라사대 아니라 네 아내 사라가 정녕 네게 아들을 낳으리니 너는 그 이름을 이삭이라 하라 내가 그와 내 언약을 세우리니 그의 후손에게 **영원한 언약**이 되리라₁₉"(7, 13, 19절)

세례 역시 마찬가지입니다. 일생에 단 한 번 세례를 받지만, 그 사람은 삼위 하나님의 이름을 영원한 언약의 표로 지니고 살아갑니다. 이런 의미에서 볼 때, **세례는 개인의 자유에 맡겨진 선택사항이 아닙니다. 언약 공동체인 교회 안에 속해 있다는 외적인 표로서 필수적입니다. 엄밀한 의미에서, 이 표가 없는 자는 교회의 회원**member**³이 아닙니다.**

혈통적 & 오직 은혜

오늘날 구약의 할례는 혈통적이고, 신약의 세례는 그렇지 않다고 생각하는 사람 역시 상당합니다. 그러나 성경의 증거는 전혀 다릅니다.

---

3) 이 때문에 전 세계의 보편적 장로교회와 개혁교회들은 교회의 회원을 "수찬회원(communicant members)"과 "비수찬회원(non-communicant members)"로 분류합니다. 전자는 (유아)세례 후 공적 신앙고백자(입교자) 또는 성인세례를 받은 회원이며, 후자는 유아세례를 받고 아직 공적 신앙고백(입교)을 하지 않은 회원입니다.

"대대로 남자는 집에서 난 자나 혹 너희 자손이 아니요 이방 사람

에게서 돈으로 산 자를 무론하고 난 지 팔 일 만에 할례를 받을 것

이라₁₂ 너희 집에서 난 자든지 너희 돈으로 산 자든지 할례를 받아

야 하리니 이에 내 언약이 너희 살에 있어 영원한 언약이 되려니

와₁₃"(12~13절)

세계 최초의 할례자 중 아브라함의 혈통은 (아브라함과 이스마엘)
단 둘뿐이었습니다(23~27절). 할례가 혈통적이라는 주장은 성경에
없는 새로운 교훈입니다. 오히려 할례는 혈통을 초월한 새 공동체
의 일원임을 보여주는 표징입니다. 하나님의 값없는 은혜를 보여
주는 표입니다. 세례의 의미 역시 동일합니다. **값없이 주시는 은혜
로 혈통을 초월한 새 공동체의 일원이 되는 것이 세례입니다.**

오직 은혜Sola Gratia!

할례와 유아세례

하나님께서는 할례와 관련하여 매우 중요한 원리를 한 가지 더
말씀해주십니다.

"대대로 남자는 집에서 난 자나 혹 너희 자손이 아니요 이방 사람

에게서 돈으로 산 자를 무론하고 난 지 팔 일⁴ 만에 할례를 받을

---

4) 양피(생식기의 포피)를 자르는 행위에는 여러 가지 의미가 있는데, 그중 하나는 옛 사
람의 죽음입니다. 그리고 난 지 팔 일만에 할례를 시행하는 행위는 새 사람의 부활을

것이라"(12절)

창세기 17장에서 유아들에게 할례를 시행했다는 명시적 표현은 어디에도 등장하지 않습니다(23~27절). 그러나 유아들에게 할례를 행했다는 의심할 수 없는 증거가 있습니다.

"이에 아브라함이 **하나님이 자기에게 말씀하신 대로** 이날에 그 아들 이스마엘과 집에서 생장한 모든 자와 돈으로 산 모든 자 곧 아브라함의 집 사람 중 모든 남자를 데려다가 **그 양피를 베었으니**"(23절)

하나님께서 아브라함에게 하신 말씀 중에는 "태어난 지 팔 일 만에" 할례를 시행하라는 명령이 포함되어 있습니다. 그런데 23절은 아브라함이 **"하나님이 자기에게 말씀하신 대로"** 이를 시행했다고 말씀합니다. 천지가 창조된 이후 최초의 할례 사건이므로 아브라함과 그의 종들 중 "태어난 지 팔 일 만에" 할례를 받을 수 없는 자가 많았습니다. 그들은 성인인 상태로 할례를 받았습니다. 그러나 아브라함은 분명 "하나님이 자기에게 말씀하신 대로" 이를 시행했다고 합니다. 이 본문에서 우리는 이 종들의 어린 유아들을 할례에서 제외할 그 어떤 명분도, 해석도, 논리도 발견할 수 없습니다.

최초의 할례자 중에는 유아들이 포함되어 있습니다. 아브라함은

담보합니다. 성경에서 "8"은 부활과 관련하여 종종 사용되는데, 여기서도 그러합니다.

그로부터 약 1년쯤 후에 태어난 이삭에게도 **"하나님의 명대로"** 유아 할례Paedo-Circumcision를 시행합니다. 이삭이 태어난 지 "팔 일만에" 말입니다.

> "아브라함이 그 낳은 아들 곧 사라가 자기에게 낳은 아들을 이름하여 이삭이라 하였고3 그 아들 **이삭이 난 지 팔 일만에 그가 하나님의 명대로 할례를 행하였더라**4"(창 21:3~4)

여기서 중요한 사실은 하나님께서 말씀하신 언약 백성 가운데 유아가 포함되어 있다는 사실입니다. **유아들도 언약 백성입니다. 유아들도 언약의 표를 지녀야 한다고 하나님께서 명하셨다면, 유아세례Paedo-baptism를 반대할 명분이 어디 있습니까? 이를 금지할 법이 없습니다.**

■ 복습을 위한 질문

1. 할례와 세례의 관계를 설명해보십시오.

2. 옛 언약 시대와 새 언약 시대에 언약 공동체(교회) 안과 밖을 나누는
   표가 각각 무엇입니까? 왜 그렇습니까?

3. 최초의 할례자 중 아브라함의 혈통은 몇 명이었습니까? 이를 통해
   알 수 있는 원리가 무엇입니까?

4. 최초의 할례자 중 유아가 다수 포함되었다는 사실을 어떻게 알 수
   있습니까? 이를 통해 알 수 있는 원리가 무엇입니까?

5. 한 걸음 더 할례와 세례를 죽음과 부활의 관점에서 설명해보십시오
   (참고. 롬 6:1 이하).

제4장

출애굽 교리문답과 유아세례

"이후에 너희 자녀가 묻기를 이 예식이 무슨 뜻이냐 하거든26 너희는 이르기를 이는 여호와의 유월절 제사라 여호와께서 애굽 사람을 치실 때에 애굽에 있는 이스라엘 자손의 집을 넘으사 우리의 집을 구원하셨느니라 하라 하매 백성이 머리 숙여 경배하니라27"(출 12:26~27)

"장래에 네 아들이 네게 묻기를 이것이 어찜이냐 하거든 너는 그에게 이르기를 여호와께서 그 손의 권능으로 우리를 애굽에서 곧 종이 되었던 집에서 인도하여 내실쌔14 그때에 바로가 강퍅하여 우리를 보내지 아니하매 여호와께서 애굽 나라 가운데 처음 낳은 것을 사람의 장자로부터 생축의 처음 낳은 것까지 다 죽이신 고로 초태생의 수컷은 다 여호와께 희생으로 드리고 우리 장자는 다 대속하나니15 이것으로 네 손의 기호와 네 미간의 표를 삼으라 여호와께서 그 손의 권능으로 우리를 애굽에서 인도하여 내셨음이니라 할찌니라16"(출 13:14~16)

제4장

출애굽 교리문답과 유아세례

출애굽: 옛 언약 시대의 가장 큰 사건이자 거푸집(Mold)

옛 언약 시대에 이스라엘이 개인과 공동체로서 경험한 가장 큰 사건은 출애굽입니다. 그 분수령은 유월절입니다. 이스라엘은 유월절 어린양의 피로 애굽의 노예 신분에서 해방됩니다. **원 출애굽** the original exodus**은 이후 언약 백성의 신앙과 삶 전반을 지배하는 거푸집**mold입니다. 더 구체적으로는 이후 이스라엘의 예배와 정치, 가정과 사회, 노동과 휴식, 결혼과 자녀 출산, 거주와 여행, 저축과 소비, 구제와 자선, 사귐과 절교, 교육과 놀이, 외교와 무역, 보건과 위생, 심지어 식사와 쓰레기 수거 처리에 이르기까지 이 사건과 무관한 것은 단 하나도 없다고 해도 과언이 아닙니다. 이 주제들과 관련한 율법의 각 조항이 이 구원 사건에 근거하여 계시 되기 때문입니다.

자녀 교육: 묻고 답하라!

이 엄청난 사건 전후에, 하나님께서는 이스라엘에게 중요한 규례를 제정하십니다. 그중 하나는 **자녀가 물을 때 부모가 대답해야 한다는 신앙 교육 규례**입니다.

> "이후에 너희 자녀가 묻기를 이 예식이 무슨 뜻이냐 하거든26 너희는 이르기를 이는 여호와의 유월절 제사라 여호와께서 애굽 사람을 치실 때에 애굽에 있는 이스라엘 자손의 집을 넘으사 우리의 집을 구원하셨느니라 하라 하매 백성이 머리 숙여 경배하니라 27"(출 12:26~27)

하나님께서는 이 자녀 교육을 가리켜 이렇게 말씀하십니다.

> "이것으로 네 손의 기호와 네 미간의 표를 삼으라!"(출 13:16)[1]

손의 표적

"네 손의 기호"에서 **"기호(תוֹא, 오트)"[2]** 는 **"표적**(표징, sign)**"** 또는

---

1) 한글개역개정성경에서는 이 문장이 "이것이 네 손의 기호와 네 미간의 표가 되리라"로 번역되었습니다.
2) 이 히브리 단어에 대해서는 "제3장. 할례와 유아세례"의 각주 2)에서 이미 설명했습니다. 창 17:11에서 이 단어는 "표징"으로 번역되었는데, 할례가 언약의 "표"라는 뜻으로 사용되었습니다.
   "너희는 양피를 베어라 이것이 나와 너희 사이의 언약의 **표징**이니라"(11절)
   롬 4:11에서 사도 바울은 할례를 "표(σημεῖον, 쎄메이온)"라고 부르는데, 이는 신약성경

"표식mark"이라는 뜻인데, 할례(창 17:11), 유월절 어린양의 피(출 12:13), 그리고 하나님께서 애굽에서 행하신 각종 표적(이적)들(출 4:8,9,17,24,30; 7:3; 8:19; 10:1,2)을 가리킬 때 사용된 단어입니다. 언약 백성의 자녀 교육은 할례와 유월절, 그리고 하나님께서 행하신 각종 표적들을 마치 손에 쥐고 있는 것과 같습니다. 자녀 교육을 통해, 이스라엘 백성은 자신의 손에 "표적"을 쥐고 다닙니다. 그들이 하나님의 말씀으로 자녀를 가르칠 때, 표적이 발생합니다. 문설주와 인방에 바른 표적 – 유월절 어린양의 피 – 으로 인해 이스라엘이 구원받은 것과 마찬가지로, 그들의 자녀는 부모가 가르치는 하나님의 말씀 때문에 그분의 심판으로부터 구원받고 보호됩니다.[3]

두 눈 사이에 붙어 있는 말씀

또한 **"네 미간의 표"**에서 "표(טוֹטָפֹת, 토타폿)"는 구약성경에 단 3회(출 13:16; 신 6:8; 11:18) 사용되었는데, 이마에 붙이는 머리띠나 장신구 따위를 가리킵니다. 이 어구를 직역하면, "너의 두 눈 사이의

에서 자주 "표적(sign)"으로 번역되는 바로 그 단어입니다. 일생에 단 한 번 받는 할례, 그리고 어린양의 피로 구속받은 백성들이 그 고기를 계속 먹는 유월절은 옛 언약 시대의 대표적인 표(sign)와 인(印)이었습니다. 마찬가지로 일생에 단 한 번 받는 세례와 유월절 어린양이신 예수 그리스도의 몸과 피를 상징하는 떡과 잔을 계속 먹고 마시는 성찬은 새 언약 시대의 대표적인 표(sign)와 인(印)입니다.

3) 이 말은 부모의 신앙 교육으로 인해, 자녀가 자동으로 구원을 받는다는 뜻이 아닙니다. 하나님께서 부모의 신앙 교육을 통해 자녀가 자연스럽게 복음을 받아들이며 고백하게 하신다는 뜻입니다. 구원 얻는 믿음은 그리스도의 복음을 들음에서 생성되는데(롬 10:17), 언약의 자녀는 교회의 예배 중에 목사로부터, 그리고 가정에서는 부모로부터 이 복음을 듣기 때문입니다.

표"입니다. 이는 하나님의 말씀으로 자녀 교육을 하라는 명령이 마치 표식처럼 이스라엘의 두 눈 사이에 붙어 있다는 뜻입니다. 자녀 교육의 명령이 이스라엘 백성의 두 눈 사이에 있어서, 그들이 눈만 뜨면 그 명령이 보입니다. 그들은 자녀 교육의 명령을 회피하고 살 수 없습니다. 그래서 그들은 "집에 앉았을 때에든지", "길에 행할 때에든지", "누웠을 때에든지", "일어날 때에든지" 수시로 하나님의 말씀으로 자녀를 교육해야 합니다(신 6:4~9). 교회와 부모는 자녀 교육의 사명을 회피할 수 없습니다. [4]

유아세례와 교리문답 교육

자녀가 묻고 부모가 대답하는 이 출애굽 신앙 교육은 매년 유월절을 포함한 무교절기[5]에 반복되어야 했습니다. 이 신앙을 계승하고 상속하기 위해서입니다. 이것이 바로 **유월절과 출애굽 교리문답**입니다. 이로부터 약 40년 후 모세의 죽음과 가나안 입성을 앞두고, 하나님께서는 같은 명령을 반복하십니다.

---

4) 이런 의미에서 볼 때, "네 손의 기호와 네 미간의 표"(출 13:16)라는 이 표현은 계시록 13장의 "짐승의 표"와 대조됩니다. 그 오른손이나 이마에 받는 "짐승의 표"는 구약성경에 기초한 일종의 관용어(idiom)이지 신용카드, 컴퓨터 바코드, 또는 베리칩(VeriChip)과 같은 것이 아닙니다. 마귀(용, 옛 뱀, 사탄)의 대리자인 짐승은 거짓 복음 즉 말씀의 모조품(counterfeit)을 만들어냅니다. 신앙 교육이 하나님의 백성에게 필수적인 것과 마찬가지로, 그는 거짓 복음으로 자신의 백성을 중무장시킵니다(계 13:16~18).

5) 1월 14일(유월절)부터 연속 8일입니다. 유월절과 무교절기에 대해서는 출애굽기 12장; 23:15; 34:18~21; 레 23:5~8; 민 28:16~25; 신 16:1~8,16을 참고하십시오.

"이스라엘아 들으라 우리 하나님 여호와는 오직 하나인 여호와시니4 너는 마음을 다하고 성품을 다하고 힘을 다하여 네 하나님 여호와를 사랑하라5 오늘날 내가 네게 명하는 이 말씀을 너는 마음에 새기고6 네 자녀에게 부지런히 가르치며 집에 앉았을 때에든지 길에 행할 때에든지 누웠을 때에든지 일어날 때에든지 이 말씀을 강론할 것이며7 너는 또 그것을 네 손목에 매어 **기호**를 삼으며 네 미간에 붙여 **표**를 삼고8 또 네 집 문설주와 바깥 문에 기록할찌니라9 … 후일에 네 아들이 네게 묻기를 우리 하나님 여호와의 명하신 증거와 말씀과 규례와 법도가 무슨 뜻이뇨 하거든20 너는 네 아들에게 이르기를 우리가 옛적에 애굽에서 바로의 종이 되었더니 여호와께서 권능의 손으로 우리를 애굽에서 인도하여 내셨나니21 곧 여호와께서 우리의 목전에서 크고 두려운 이적과 기사를 애굽과 바로와 그 온 집에 베푸시고22 우리 열조에게 맹세하신 땅으로 우리에게 주어 들어가게 하시려고 우리를 거기서 인도하여 내시고23 여호와께서 우리에게 이 모든 규례를 지키라 명하셨으니 이는 우리로 우리 하나님 여호와를 경외하여 항상 복을 누리게 하기 위하심이며 또 여호와께서 우리로 오늘날과 같이 생활하게 하려 하심이라24 우리가 그 명하신 대로 이 모든 명령을 우리 하나님 여호와 앞에서 삼가 지키면 그것이 곧 우리의 의로움이니라 할찌니라25"(신 6:4~9,20~25)

구원의 복음을 담은 이 교리문답 교육이 한 번으로 끝나지 않고, 개인에게는 한평생 그리고 가정과 교회(이스라엘)에게는 신앙 계승으로 계속 이어져야 하기 때문입니다.

길갈 교리문답: 새 유월절, 새 출애굽 *

하나님께서는 심지어 모세가 죽은 후 여호수아의 인도로 요단강을 건너 약속의 땅에 당도할 때에도 같은 내용을 재차 언급하십니다. 요단강과 건너편 길갈에 각각 열두 개의 돌을 쌓은 것을 기념하라고 하시면서 이렇게 말씀하십니다.

"온 백성이 요단 건너기를 마치매 여호와께서 여호수아에게 일러 가라사대1 백성의 매 지파에 한 사람씩 열두 사람을 택하고2 그들에게 명하여 이르기를 요단 가운데 제사장들의 발이 굳게 선 그곳에서 돌 열둘을 취하고 그것을 가져다가 오늘밤 너희의 유숙할 그곳에 두라 하라3 여호수아가 이스라엘 자손 중에서 매 지파에 한 사람씩 예비한 그 열두 사람을 불러서4 그들에게 이르되 요단 가운데 너희 하나님 여호와의 궤 앞으로 들어가서 이스라엘 자손들의 지파 수대로 각기 돌 한 개씩 취하여 어깨에 메라5 이것이 너희 중에 **표징**이 되리라 후일에 너희 자손이 물어 가로되 이 돌들은 무슨 뜻이뇨 하거든6 그들에게 이르기를 요단 물이 여호와의 언약 궤 앞에서 끊어졌었나니 곧 언약궤가 요단을 건널 때에 요단 물이 끊어졌으므로 이 돌들이 이스라엘 자손에게 영영한 기념이 되리라 하라7 이스라엘 자손들이 여호수아의 명한 대로 행하되 여호와께서 여호수아에게 이르신대로 이스라엘 자손들의 지파 수를 따라 요단 가운데서 돌 열둘을 취하여 자기들의 유숙할 곳으로 가져다가 거기 두었더라₈ 여호수아가 또 요단 가운데 곧 언약궤를 멘 제사장들의 발이 선 곳에 돌 열둘을 세웠더니 오늘까지 거기 있더라₉ … **정월 십일에 백성이 요단에서 올라와서 여리고 동편 지경 길갈에 진 치매**₁₉ 여호수아가 그 요단에서 가져 온 열두 돌을 길갈에 세우고₂₀ 이스라엘 자손들에게 일러 가로되 후일에 너희 자손이 그 아비에게 묻기를 이 돌은 무슨 뜻이냐 하거든₂₁ 너희는 자손에게 알게 하여 이르기를 이스라엘이 마른 땅을 밟고 이 요단을 건넜음이라₂₂ **너희 하나님 여호와께서 요단 물을 너희 앞에 마르게 하사 너희로 건너게 하신 것이 너희 하나님 여호와께서 우리 앞에 홍해를 말리시고 우리로 건너게 하심과 같았나니**₂₃ 이는 땅의 모든 백성으로 여호와의 손이 능하심을 알게 하며 너희로 너희 하나님 여호와를 영원토록 경외하게 하려 하심이라 하라₂₄"(수 4:1~9, 19~24)

우리는 이 길갈 사건에서 유월절 및 출애굽과의 연결성을 발견합니다.

첫째, 여호수아는 길갈에 세운 돌들이 **"표징**이 되리라"고 말씀합니다(6절). 여기서 "표징"으로 번역된 이 단어는 앞서 할례 사건에서 "표징"(창 17:11)으로, 유월절 사건(출 12:13; 13:16)에서 "표적"(출 12:13)과 "기호"(출 13:16)로 번역된 바로 그 히브리 명사 "אות(오트)"입니다.

둘째, 아니나 다를까 바로 이곳 길갈에서 여호수아는 이스라엘 자손에게 **할례**를 시행하고, **유월절**을 준수하게 합니다(수 5:2~12).

셋째, 이스라엘이 길갈에 진을 치고 돌을 세운 때가 바로 "**정월 십일**"입니다(19절). 이는 우연이 아닙니다. "정월 십일"은 어린양을 잡아 유월절(정월 십사 일)을 준비하는 날이기 때문입니다(출 12:3⁶).

넷째, 여호수아는 요단강이 끊어져 이스라엘이 가나안 땅으로 들어간 이 놀라운 사건을 **출애굽 사건의 재현**으로 설명합니다(23절).

다섯째, 출애굽의 분수령이 된 유월절 때와 마찬가지로 여호수아는 이 길갈의 열두 돌에 대해 **자녀가 물으면 부모가 대답**하여 신앙을 계승할 것을 명합니다(6~7절, 20~24절).

여섯째, **"길갈"이라는 지명** 역시 출애굽과 길갈 사건의 연결성을 보여줍니다. 왜냐하면 여호와께서 이 사건을 통해 비로소 "내가 오늘날 애굽의 수치를 너희에게서 굴러가게 하였다"고 계시하셨기 때문입니다(수 5:9⁷). 길갈은 "굴러가다"라는 뜻입니다.

일곱째, 유월절과 출애굽 사건이 애굽과 그 신들에 대한 **승리의 증거**라면(참고. 출 12:12; 민 33:4), 이 길갈 사건은 가나안 족속들과 그 신들에 대한 **승리의 증거**입니다. 바로 이 때문에 길갈의 열두 돌을 기념하는 내용을 기록한 여호수아 4장과 이곳에서 할례를 시행하고 유월절을 준수하는 내용을 기록한 여호수아 5장 사이에 놀라운

---

6) "너희는 이스라엘 회중에게 고하여 이르라 **이 달 열흘**에 너희 매인이 어린 양을 취할 찌니 각 가족대로 그 식구를 위하여 어린 양을 취하되"(출 12:3)

7) "여호와께서 여호수아에게 이르시되 내가 오늘날 애굽의 수치를 너희에게서 굴러가게 하였다 하셨으므로 그곳 이름을 오늘까지 길갈이라 하느니라"(수 5:9)
"גִּלְגָּל(길갈)"이라는 이 고유명사는 "구르다(roll)", "굴러가다(roll away/roll off)"는 뜻을 가진 히브리 동사 "גָּלַל(갈랄)"에서 유래했습니다.

말씀이 등장합니다.

"요단 서편의 아모리 사람의 모든 왕과 해변의 가나안 사람의 모든
왕이 여호와께서 요단 물을 이스라엘 자손들 앞에서 말리시고 우
리를 건네셨음을 듣고 마음이 녹았고 이스라엘 자손들의 연고로
정신을 잃었더라"(수 5:1)

여기서 **유월절과 출애굽 교리문답은 길갈 교리문답으로 더욱 발
전합니다.** 길갈의 열두 돌이 바로 당대 교회(이스라엘)의 교리문답서
입니다(글자가 없는 일종의 3D 교재입니다). 그리고 여호수아와 제사장들
과 레위인, 그리고 부모가 그것을 자녀에게 해석하고 가르치는 교
육 주체입니다.

"(자녀가) 묻고, (부모가) 답하라!"

초대교회사의 교부들로부터 근대에 이르기까지 정통 신앙을 고
백하는 교회와 믿음의 선조들이 교리문답을 계속 작성하고 가르쳐
온 이유가 바로 이 때문입니다.[8] "묻고 답하라"는 성경의 명령 때

---

8) 초대교회사의 사도신조, 니케아신조 등도 이러한 교리문답서의 일종입니다. 수세자나
입교자 또는 수세자의 부모를 위한 일종의 세례문답서이기 때문입니다. 직분자가 "당
신이 믿는 바가 무엇입니까?"라고 질문하면, 당사자는 "나는 전능하신 하나님 아버지,
천지의 창조주를 믿습니다."라고 고백합니다. 그다음, 직분자가 "그리고 당신이 믿는
바가 무엇입니까?"라고 질문하면, 당사자는 "나는 그분의 독생자 우리 주 예수 그리스
도를 믿습니다."라고 고백합니다. 초대교회의 신조들은 바로 이런 방식으로 공예배 중
성례를 위해 사용되었으며, 또한 온 교회가 이를 고백했습니다. 이것이 가능하기 위해

문입니다. **교리문답 교육의 근거는 성경입니다. 그 역사는 신약교회가 창시되기 전 구약시대부터 이미 시작되었습니다.**

언약의 자녀에게 세례를 베푸는 것으로 육신의 부모와 영적인 부모(직분자와 수찬회원)의 책임을 다했다고 착각하면 안 됩니다. **유아세례는 이후 교리문답 교육을 거쳐 (성찬에 참여하는) 공적 신앙고백(입교)으로 나아갑니다.**[9] 이를 통해 우리의 자녀들은 유월절 어린양이신 예수 그리스도의 구속을 배웁니다. 그들은 옛 출애굽을 넘어 새 출애굽을 배웁니다. 광야생활을 지나 길갈의 열두 돌을 세우고, 이 복음으로 세상을 정복하는 전사warriors가 됩니다.

서는 아이들과 전도를 받은 사람이 직분자에게 묻고, 직분자가 이 복음의 내용을 그들에게 대답하여 가르치는 교육이 먼저 시행되어야 합니다.

9) 물론 교리문답 교육은 모든 성도를 위한 것이기도 합니다. 모든 성도는 평생 복음의 도리를 배우고 고백해야 하기 때문입니다. 그러나 여기서 특히 언약의 자녀들을 염두에 둔 이유는, (유아)세례를 받은 후 공적 신앙고백(입교)을 하지 않은 자녀들이 신앙을 확고히 고백하여 성찬을 받기 위해서는 교리문답 교육이 필요하기 때문입니다. 하이델베르크 교리문답 초판(1563년 1월 19일)은 독립적인 문서로 출간되었습니다. 그러나 몇 달 후, 교리문답은 프리드리히 3세(Frederick Ⅲ)가 다스리던 팔츠 지방 전체의 '교회 예배서(liturgical church order)' 안에 포함되어 출간되었습니다. 이때 교리문답의 위치는 이 예배서 안에서 "세례"와 "성찬"의 사이였습니다. 이는 교리문답 교육이 (유아)세례를 받은 아이들이 공적 신앙고백(입교)을 통해 성찬으로 나아가는 징검다리임을 보여줍니다. 이에 대해서는 유해무, 김헌수 공저, 「하이델베르크 요리문답의 역사와 신학」(서울: 성약, 2011), 125~126을 참고하십시오.

■ 복습을 위한 질문

1. 옛 언약 시대의 가장 큰 사건이 무엇입니까? 이것이 갖는 영향력을 말해보십시오.

2. 유월절과 출애굽 전후에 하나님께서 이스라엘 백성들에게 하신 명령이 무엇입니까?

3. "네 손의 기호"와 "네 미간의 표"의 의미를 설명해보십시오.

4. 유월절과 출애굽 교리문답은 40년 뒤에 누구에 의해, 어떻게 반복됩니까? 그리고 이는 여호수아 때 어떻게 진전됩니까?

5. 교리문답 교육은 어디서부터 시작되었습니까? 이것이 왜 중요합니까?

6. 한 걸음 더 언약의 자녀를 신앙으로 교육하기 위해 당회와 부모, 그리고 수찬회원들이 어떤 책무를 짊어지고 있는지 서로 말해봅시다. 또한, 성인세례를 준비하는 사람을 위해 그들이 해야 할 일에 대해서도 서로 말해봅시다.

하나님 앞에 서 있는 언약의 자녀

"호렙에서 이스라엘 자손과 세우신 언약 외에 여호와께서 모세에게 명하사 모압 땅에서 또 그들과 세우신 언약의 말씀이 이러하니라1 모세가 온 이스라엘을 소집하고 그들에게 이르되 여호와께서 애굽 땅에서 너희 목전에 바로와 그 모든 신하와 그 온 땅에 행하신 모든 일을 너희가 보았나니2 곧 그 큰 시험과 이적과 큰 기사를 네가 목도하였느니라3 … 그런즉 너희는 이 언약의 말씀을 지켜 행하라 그리하면 너희의 하는 모든 일이 형통하리라9 오늘날 너희 곧 너희 두령과 너희 지파와 너희 장로들과 너희 유사와 이스라엘 모든 남자와10 너희 유아들과 너희 아내와 및 네 진중에 있는 객과 무릇 너를 위하여 나무를 패는 자로부터 물 긷는 자까지 다 너희 하나님 여호와 앞에 선 것은11 너의 하나님 여호와의 언약에 참예하며 또 너의 하나님 여호와께서 오늘날 네게 향하여 하시는 맹세에 참예하여12 여호와께서 이왕에 네게 말씀하신 대로 또 네 열조 아브라함과 이삭과 야곱에게 맹세하신 대로 오늘날 너를 세워 자기 백성을 삼으시고 자기는 친히 네 하나님이 되시려 함이니라13"(신 29:1~3,9~13)

"그들에게 명하여 이르기를 매 칠 년 끝 해 곧 정기 면제년의 초막절에10 온 이스라엘이 네 하나님 여호와 앞 그 택하신 곳에 모일 때에 이 율법을 낭독하여 온 이스라엘로 듣게 할찌니11 곧 백성의 남녀와 유치와 네 성 안에 우거하는 타국인을 모으고 그들로 듣고 배우고 네 하나님 여호와를 경외하며 이 율법의 모든 말씀을 지켜 행하게 하고12 또 너희가 요단을 건너가서 얻을 땅에 거할 동안에 이 말씀을 알지 못하는 그들의 자녀로 듣고 네 하나님 여호와 경외하기를 배우게 할찌니라13"(신 31:10~13)

제5장

하나님 앞에 서 있는 언약의 자녀

시내산 언약과 모압 언약

출애굽 한 이스라엘은 시내산에서 여호와 하나님과 언약을 체결합니다(시내산 언약, 출애굽기 24장[1]). 그로부터 40년이 흘렀습니다. 광야생활도 이제 막바지입니다. 이제 얼마 후면 요단강을 건너 가나안 땅에 들어갈 것입니다. 이를 위해 이스라엘은 지금 요단강 동편 모압 평지에 진을 치고 기다리는 중입니다. 바로 이때 모세는 죽기전 마지막으로 하나님의 말씀을 전합니다. 이것이 바로 '모압 언약'

---

1) 이 때문에 성경신학자들은 출애굽기 19~24장을 "언약의 책"이라 부릅니다. 이스라엘 백성들이 시내산에 도착하여 여호와 하나님과 언약을 체결하는 내용이 담겨 있기 때문입니다. 특히 출애굽기 24장은 언약식을 매우 구체적이고도 생생한 언어로 묘사합니다. 이 단락을 "언약의 책"으로 지칭한다고 해서 성경 전체가 언약의 책 – 옛 언약(the Old Covenant)과 새 언약(the New Covenant) – 임을 부정하는 것이 아닙니다.

이라 불리는 신명기 말씀입니다(참고. 신 1:5; 29:1). 모압 언약은 시내산 언약(출애굽기 19~24장)의 갱신입니다. 40년 전 온 이스라엘은 하나님 앞에서 그분만을 섬기기로 서약합니다.

"모세가 와서 백성의 장로들을 불러 여호와께서 자기에게 명하신 그 모든 말씀을 그 앞에 진술하니₇ 백성이 일제히 응답하여 가로되 **여호와의 명하신 대로 우리가 다 행하리이다** 모세가 백성의 말로 여호와께 회보하매₈"(출 19:7~8)

"모세가 와서 여호와의 모든 말씀과 그 모든 율례를 백성에게 고하매 그들이 한 소리로 응답하여 가로되 **여호와의 명하신 모든 말씀을 우리가 준행하리이다**₃ … 모세가 피를 취하여 반은 여러 양푼에 담고 반은 단에 뿌리고₆ 언약서를 가져 백성에게 낭독하여 들리매 그들이 가로되 **여호와의 모든 말씀을 우리가 준행하리이다**₇ 모세가 그 피를 취하여 백성에게 뿌려 가로되 이는 여호와께서 이 모든 말씀에 대하여 너희와 세우신 언약의 피니라₈"(출 24:3,6~8)

그리고 40년이 지난 지금, 약속의 땅 가나안을 목전에 두고 그들은 다시 여호와 하나님 앞에 섭니다.

"호렙에서 이스라엘 자손과 세우신 언약 외에 여호와께서 모세에게 명하사 **모압 땅에서 또 그들과 세우신 언약의 말씀**이 이러하니라₁ 모세가 **온 이스라엘을 소집**하고 그들에게 이르되 여호와께서 애굽 땅에서 너희 목전에 바로와 그 모든 신하와 그 온 땅에 행하신 모든 일을 너희가 보았나니2 곧 그 큰 시험과 이적과 큰 기사를 네가 목도하였느니라3"(신 29:1~3)

여호와 앞에 서 있는 언약의 자녀

이 모압 언약을 세우시면서 여호와께서는 다음과 같이 선포하십니다.

"오늘날 너희 곧 너희 두령과 너희 지파와 너희 장로들과 너희 유사와 이스라엘 모든 남자와10 너희 **유아들**과 너희 아내와 및 네 진중에 있는 객과 무릇 너를 위하여 나무를 패는 자로부터 물 긷는 자까지 다 **너희 하나님 여호와 앞에 선 것은**11 **너의 하나님 여호와의 언약에 참예**하며 또 너의 하나님 여호와께서 오늘날 네게 향하여 하시는 **맹세에 참예하여**12 여호와께서 이왕에 네게 말씀하신 대로 또 네 열조 아브라함과 이삭과 야곱에게 맹세하신 대로 오늘날 너를 세워 자기 백성을 삼으시고 자기는 친히 네 하나님이 되시려 함이니라13"(신 29:10~13)

여기서 언급된 자들 모두가 언약 백성입니다. 여기서도 혈통을 넘어선 언약의 범주가 소개됩니다. 최초의 할례 사건(창 17:10~14, 23~27)과 마찬가지로, 이 본문에서 "나무를 패는 자로부터 물긷는 자"(11절)는 이방인 종, 특히 기브온 족속(참고. 수 9:21,23,27[2])을 포함하기 때문입니다. 여기서 유념해야 할 것은 "유아들"[3]도 언약 백성이라는 사실입니다.

"너희 유아들과"(11절)

하나님께서는 유아들까지도 그분 앞에 서 있다고 선언하십니다. 여호와의 언약에 참예한 자라고 하십니다. 그분 앞에서의 맹세(서약)에 참예한 자라고 하십니다. 자기 백성이라고 하십니다. 그분이 이 유아들의 하나님이라고 하십니다. 하나님께서 이렇게 말씀하시는데, 어느 누가 유아들을 하나님에게서 떼놓을 수 있겠습니까? 하나님께서 유아들까지도 자기 백성이라고 말씀하시는데, 어느 누가 유아들을 세례의 대상에서 제외하겠습니까? 언약 백성이라면 마땅히 언약의 표를 가져야 하지 않습니까?

---

2) "무리에게 이르되 그들을 살리라 하니 족장들이 그들에게 이른 대로 그들이 온 회중을 위하여 **나무 패며 물 긷는 자가** 되었더라21 … 그러므로 너희가 저주를 받나니 너희가 영영히 종이 되어서 다 내 하나님의 집을 위하여 **나무 패며 물 긷는 자가** 되리라23 … 그 날에 여호수아가 그들로 여호와의 택하신 곳에서 회중을 위하며 여호와의 단을 위하여 **나무 패며 물 긷는 자**를 삼았더니 오늘까지 이르니라27"(수 9:21,23,27)

3) 한글개역성경과 한글개역개정성경에서 각각 "너희 유아들" 그리고 "너희의 유아들"로 번역된 히브리어는 "טַפְּכֶם(타프켐)"인데, 이는 "어린아이(small children)"를 뜻하는 히브리 단어 "טַף(타프)" 뒤에 2인칭. 남성. 복수 접미사가 붙은 형태입니다.

예배와 성경 봉독 앞에 서 있는 언약의 자녀

하나님께서는 이 신명기 말씀을 매 안식년의 초막절⁴마다 언약 백성 전체에게 낭독(봉독)하도록 명령하십니다. 이때 어린이들도 여기에 포함된 대상으로 다시 언급됩니다(11절). 이는 **어린이들도 하나님의 말씀을 듣고 지켜야 할 의무가 있음**을 보여줍니다.

> "그들에게 명하여 이르기를 매 칠 년 끝 해 곧 정기 면제년의 초막절에₁₀ 온 이스라엘이 네 하나님 여호와 앞 그 택하신 곳에 모일 때에 이 **율법을 낭독**하여 온 이스라엘로 듣게 할찌니₁₁ 곧 백성의 남녀와 **유치**⁵와 네 성 안에 우거하는 타국인을 모으고 그들로 듣고 배우고 네 하나님 여호와를 경외하며 이 율법의 모든 말씀을 지켜 행하게 하고₁₂ 또 너희가 요단을 건너가서 얻을 땅에 거할 동안에 **이 말씀을 알지 못하는 그들의 자녀로 듣고 네 하나님 여호와 경외하기를 배우게 할찌니라**₁₃"(신 31:10~13)

하나님께서는 이스라엘이 가나안 땅에 들어가면 해야 할 일을 신명기에서 미리 지시하십니다. 그중 하나는 언약 백성 전체가 축복

---

4) 안식년은 일곱 해마다 돌아옵니다. 초막절은 이스라엘의 연중 절기 중 마지막 일곱 번째 절기로서 칠월 십오일부터 시작됩니다(참고. 레 23:34~43; 민 29:12~39). 그러니 "면제년(안식년)의 초막절"은 일곱 번째 해의 일곱 번째 달, 그것도 연중 절기 중 일곱 번째 절기입니다. '일곱(7)'의 연속입니다. 성경에서 "일곱(7)"에 해당하는 히브리 단어는 "שֶׁבַע(쉐바)"인데, 이 단어는 언약을 세울 때 하는 "맹세(서약, pledge/vow/oath)"를 의미하기도 합니다(참고. 창 21:22~34). 그러므로 "일곱(7)"은 언약과 맹세(서약)의 완전수입니다(참고. 히 6:16~17; 7:20~22,28).

5) 여기에 사용된 히브리 단어 역시 "טַף(타프)"입니다. 한글개역개정성경에서는 "어린이"로 번역되었습니다.

의 산 그리심과 저주의 산 에발 양쪽에 각각 여섯 지파씩 서서 하나님의 말씀 낭독(봉독)을 듣고 순종하기로 맹세(서약)하라는 명령입니다. 즉, 가나안 땅에 들어가서도 하나님 앞에 서야 한다는 명령입니다(신 11:29~32; 27장). 이 명령은 후에 모세의 후계자 여호수아에 의해 그대로 시행됩니다(수 8:30~35).

"때에 여호수아가 이스라엘의 하나님 여호와를 위하여 에발산에 한 단을 쌓았으니30 이는 여호와의 종 모세가 이스라엘 자손에게 명한 것과 모세의 율법책에 기록된 대로 철 연장으로 다듬지 아니한 새 돌로 만든 단이라 무리가 여호와께 번제와 화목제를 그 위에 드렸으며31 여호수아가 거기서 모세의 기록한 율법을 이스라엘 자손의 목전에서 그 돌에 기록하매32 온 이스라엘과 그 장로들과 유사들과 재판장들과 본토인 뿐 아니라 이방인까지 여호와의 언약궤를 멘 레위 사람 제사장들 앞에서 궤의 좌우에 서되 절반은 그리심산 앞에, 절반은 에발산 앞에 섰으니 이는 이왕에 여호와의 종 모세가 이스라엘 백성에게 축복하라고 명한 대로 함이라33 그 후에 여호수아가 무릇 율법책에 기록된 대로 축복과 저주하는 율법의 모든 말씀을 낭독하였으니34 모세의 명한 것은 여호수아가 이스라엘 온 회중과 여인과 **아이**6와 그들 중에 동거하는 객들 앞에 낭독하지 아니한 말이 하나도 없었더라35"(수 8:30~35)

---

6) 여기에 사용된 히브리 단어 역시 "טַף(타프)"입니다.

여기서도 "아이"가 포함된다는 사실에 주목하십시오. 어린아이들도 하나님 앞에 서야 합니다. 어린아이들도 하나님의 말씀을 들어야 합니다. 그들 역시 이 엄중한 언약식에 참여한 자입니다. 그들 역시 하나님의 약속, 즉 복과 저주의 말씀 앞에서 맹세한 자이며, 그 말씀의 봉독을 듣고 지켜야 할 대상입니다.[7] 하나님께서 이렇게 말씀하시는데, 어느 누가 유아들을 세례의 대상에서 제외하겠습니까? 어느 누가 '어른 예배'라는 명목으로 언약의 자녀들을 예배당 밖으로 내몰겠습니까?

> "대제사장들과 서기관들이 예수의 하시는 이상한 일과 또 성전에서 소리질러 호산나 다윗의 자손이여 하는 아이들을 보고 분하여 15 예수께 말하되 저희의 하는 말을 듣느뇨 예수께서 가라사대 그렇다 어린 아기와 젖먹이들의 입에서 나오는 찬미를 온전케 하셨나이다 함을 너희가 읽어 본 일이 없느냐 하시고16"(마 21:15~16)

---

7) 오늘날 (십계명을 주로 낭독하거나 교독하는) 언약의 말씀, 그리고 성경 봉독은 주일 공예배 순서에서 그 본의(本意)가 사라진 채 시행되거나 아예 시행조차 되지 않고 있는 현실입니다. 어떤 이는 옛날에는 성경책의 희소성과 고가의 가격 때문에 이 순서가 필요했지만, 지금은 그렇지 않다는 이유를 들어 공예배 중 성경 봉독의 중요성을 희석해버립니다. 그러나 모든 시대, 모든 장소의 교회는 하나님과 맺은 엄중한 언약 앞에 서 있다는 사실을 이 순서를 통해 기억해야 합니다. 어른뿐 아니라 어린아이들까지도 말입니다. 공예배의 요소 중 하나인 봉독의 중요성과 그 의미에 대해서는 권기현, "제7과. 예배 속에서의 읽기와 듣기 1: 봉독", 「월간고신 생명나무」(2018년 2월호), 156~163을 참고하십시오.
"성경봉독은 설교자가 설교할 본문 외에 공예배에서 빠질 수 없는 중요한 예배의 요소이다."[대한예수교장로회(고신) 헌법 해설 제17조 제48문] 개정판 2쇄 (서울: 대한예수교장로회 총회출판국, 2018), 77.

당회는 그 교회에 속한 신자의 어린 자녀에게 세례를 베풀어야 합니다. 이 아이도 하나님 앞에 서게 해야 합니다. 이 엄중한 언약 앞에 서서 경청하게 해야 합니다. 말씀을 듣고 순종하게 해야 합니다. 그렇게 자라 마침내 온 교회, 즉 모든 직분자들과 교인들 앞에 서서 이 언약의 말씀에 대한 공적 신앙고백(입교)으로 화답하게 해야 합니다. 당회는 또한, 이 일을 경홀히 여기거나 이 원리로 자녀를 교육하지 않는 부모를 꾸짖어 교정해야 합니다. 마지막으로, 부모는 자신의 자녀가 하나님 앞에 서 있다는 사실을 잊지 말아야 합니다. 공예배에 데리고 온 자녀가 언약 백성들과 함께 서고 앉을 때마다 이 엄중한 언약을 기억하도록 가르쳐야 합니다.

■ 복습을 위한 질문

1. 시내산 언약과 모압 언약의 관계를 말해보십시오.

2. 언약 공동체의 구성원 중 이방인 종들이 포함(창 17:10~14,23~27;
   신 29:10~13)되어 있다는 사실이 의미하는 바가 무엇입니까?

3. 언약 백성으로서 여호와 앞에 서 있는 자들에 누가 포함되어 있습
   니까? 이것이 유아세례와 무슨 상관이 있습니까?

4. 유아세례가 공예배와 무슨 관계가 있는지, 그리고 성경 봉독과 무
   슨 관계가 있는지 설명해보십시오.

5. 유아세례의 중요성과 필요성을 깨닫지 못하여 자녀에게 이를 시행
   하지 않는 부모에게 당회가 해야 할 일이 무엇입니까?

6. 한 걸음 더 공예배에 참석해야 할 의무가 있는 사람들은 누구입
   니까? 성도들의 일부만 대상으로 하는 '청년회 예배', '장년 예배',
   '어린이 예배'도 공예배입니까?

제6장 예수님께서 받으신 할례와 유아세례
제7장 언약의 자녀로 자라신 예수님과 유아세례
제8장 유아에 대한 예수님의 가르침과 유아세례

제3부

예수님과 유아세례

예수님께서 받으신 할례와 유아세례

"할례할 팔 일이 되매 그 이름을 예수라 하니 곧 수태하기 전에 천사의 일컬은 바러라"(눅 2:21)

"내가 말하노니 그리스도께서 하나님의 진실하심을 위하여 할례의 수종자가 되셨으니 이는 조상들에게 주신 약속들을 견고케 하시고8 이방인으로 그 긍휼하심을 인하여 하나님께 영광을 돌리게 하려 하심이라 기록된바 이러므로 내가 열방 중에서 주께 감사하고 주의 이름을 찬송하리로다 함과 같으니라9"(롬 15:8~9)

제6장

예수님께서 받으신 할례와 유아세례

삼위 하나님의 이름으로 시행하는 세례를 제정하신 분은 부활하신 예수님 자신입니다(마 28:19~20[1]). 이 말씀은 오순절에 처음으로 성취됩니다.

"그 말을 받는 사람들은 세례를 받으매 이날에 제자의 수가 삼천이나 더하더라"(행 2:41)

할례로 대표되는 옛 시대를 세례로 대표되는 새 시대로 전이시키

---

1) "그러므로 너희는 가서 모든 족속으로 제자를 삼아 아버지와 아들과 성령의 이름으로 세례를 주고19 내가 너희에게 분부한 모든 것을 가르쳐 지키게 하라 볼찌어다 내가 세상 끝날까지 너희와 항상 함께 있으리라 하시니라20"(마 28:19~20)

신 이는 바로 우리 주 예수 그리스도십니다. 그래서 오늘날 우리는 할례를 받지 않습니다. 그러나 이 말이 곧 할례와 세례 사이에 아무런 연속성이 없다는 뜻은 아닙니다. "제3장. 할례와 유아세례"에서 이미 살핀 대로, 이 둘은 서로 적대 관계가 아닙니다. 할례는 그림자shadow이며, 세례는 실체reality입니다. 그래서 전자가 후자를 향합니다. 실체가 왔으니 그림자가 물러가는 것입니다. 이 둘은 서로 다른 방향으로 쏘는 화살이 아닙니다. 하나의 과녁을 향합니다. 요점은 신자의 어린 자녀까지도 언약 백성이라는 사실입니다. 그리고 언약 백성이라면 마땅히 언약의 표를 가져야 한다는 사실입니다.

할례를 받으신 예수님

그렇다면 예수님께서는 할례에 대해 어떤 자세를 취하셨습니까? 예수님께서는 구약의 율법을 다 이루셨습니다. 이는 다음의 두 가지 의미를 포함합니다.

첫째, 그분은 **율법이 요구하는 모든 것을 온전히 순종**하셨습니다. [이 때문에 그분의 완전한 순종에 기반한 의(義)가 우리에게 전가됩니다.]

둘째, 그분 자신이 친히 **율법의 목표가 되어 율법이 예언하는 모든 것의 성취자**가 되셨습니다. [모든 율법은 장차 오실 예수 그리스도를 (직접 또는 간접적으로) 예언합니다(참고. 눅 24:25~27,44~47; 요 5:39,46~47; 벧전 1:10~11).]

이 원리가 할례에 있어서도 동일하게 적용되어야 하지 않겠습니까? 예수님께서는 율법에 기록(창 17:12)된 대로 난 지 팔 일 만에 할례를 받으셨습니다. 예수님께서는 구약의 할례를 거부하지 않으셨습니다.

"할례할 팔 일이 되매 그 이름을 예수라 하니 곧 수태하기 전에 천
 사의 일컬은 바러라"(눅 2:21)

그러나 어떤 사람들은 이렇게 생각할지도 모릅니다. 할례는 예수님께서 스스로 받은 것이 아니라 예수님의 육신의 부모(요셉과 마리아)의 뜻에 의한 것이라고 말입니다. 그러나 성경의 가르침은 명확합니다.

"… 그리스도께서 하나님의 진실하심을 위하여 **할례의 수종자가**
 되셨으니…"(롬 15:8)

한글개역성경에서 "수종자"[2]로 번역된 헬라어 단어 "디아코노스(διάκονος)"는 "봉사자/일꾼servant", "집사deacon" 등을 의미합니다. 이 부분을 직역에 가깝게 번역하면, 다음과 같습니다.

"(왜냐하면) 그리스도께서 하나님의 진리를 위해 **할례의 봉사자**
가 되셨기 때문입니다."

---

2) 한글개역개정성경에는 "추종자"로 번역되었습니다.

이 표현이 무엇을 의미하는지 대해서는 두 가지 가능성이 있습니다. 예수님께서 친히 할례받은 봉사자가 되셨다는 뜻일 수도 있고, 예수님께서 (할례를 받으심으로) 할례받은 유대인들을 위한(구원하시는) 봉사자가 되셨다는 뜻일 수도 있습니다. 어느 것으로 보든지 간에, 부인할 수 없는 사실이 있습니다. **예수님께서 받으신 할례는 택하심을 받은 백성 - 유대인과 이방인(롬 15:8~9) - 모두를 구원하기 위한 하나님의 작정 가운데 이루어진 일입니다. 구약시대 믿음의 선조들에게 주신 약속을 견고케 하신 일입니다.** 즉, 이 할례를 육신의 부모의 자의나 독단으로 곡해하면 안 됩니다.

> "내가 말하노니 그리스도께서 하나님의 진실하심을 위하여 **할례의 수종자가 되셨으니** 이는 조상들에게 주신 약속들을 견고케 하시고 8 이방인으로 그 긍휼하심을 인하여 하나님께 영광을 돌리게 하려 하심이라 기록된바 이러므로 내가 열방 중에서 주께 감사하고 주의 이름을 찬송하리로다 함과 같으니라9"(롬 15:8~9)

예수님께서는 율법 아래 있는 자들을 속량하기 위해 율법 아래 나셔서 율법에 순종하셨습니다.

> "때가 차매 하나님이 그 아들을 보내사 여자에게서 나게 하시고 율법 아래 나게 하신 것은4 율법 아래 있는 자들을 속량하시고 우리로 아들의 명분을 얻게 하려 하심이라5"(갈 4:4~5)

율법의 요구에 순종하신 예수님

어떤 사람들은 이렇게 생각할지도 모릅니다.

'에이, 예수님께서는 구원자니까 그렇게 한 것이지. 나는 예수님이 아니잖아.'

네, 맞습니다. 우리는 구원자가 아닙니다. 예수 그리스도만이 하나님의 택하신 백성들의 유일한 구원자이십니다. 그러나 예수님께서 우리를 구원하기 위해 걸으셔야 하는 길이 있습니다. 하나님께서 아담을 비롯한 모든 인류에게 요구하시는 율법의 의무입니다. 예수님께서 순종하신 그 일은 원래 하나님께서 인간에게 요구하신 것입니다.

"제91문: 하나님께서 사람에게 요구하시는 의무는 무엇입니까?

답: 하나님께서 사람에게 요구하시는 의무는 **그분의 계시된 뜻에 순종**하는 것입니다.

제92문: 하나님께서 처음에 사람에게 순종의 법칙으로 무엇을 계시하셨습니까?

답: 무죄의 상태에 있는 아담과 그의 안에 있는 전 인류에게 계시하신 순종의 법칙은, 선악을 알게 하는 나무의 실과를 먹지 말라는 특별한 명령과 도덕법이었습니다.

제93문: 도덕법은 무엇입니까?

답: 도덕법은 인류에게 선포된 하나님의 뜻입니다. 이것은 **모든**

사람이 인격적으로, 완전히, 그리고 영구히 그 뜻을 따르고 순종하도록 지시하고 요구하되, 영혼과 몸을 가진 전인의 형태와 성향으로 하나님과 사람에게 마땅히 행해야 할 거룩함과 의의 모든 의무들을 수행하도록 요구합니다. 이 도덕법은 그것을 지키면 생명을 약속하지만, 위반하면 죽음으로 위협합니다."(대교리 제91~93문답)

우리가 죄인이므로 할 수 없는 바로 그것, 즉 하나님께서 계시하신 뜻에 온전히 순종하는 일을 예수님께서 하심으로 우리를 구원하셨습니다. 완전한 순종으로 획득하신 그분의 의(義)가 그리스도를 믿는 우리에게 전가되었기 때문입니다. 그러니 예수님께서 순종하신 율법의 모든 요구에는 하나님께서 애초에 언약 백성에게 요구하셨고, 지금 구원받은 백성들에게 순종(감사)하도록 요구하시는 원리가 담겨 있습니다.

"제95문: 도덕법은 모든 사람에게 어떻게 유용합니까?

답: 도덕법은 모든 사람에게 다음과 같이 유용합니다. 하나님의 거룩한 본성과 뜻, 그리고 사람들이 따라 행해야 할 의무를 알려주며, 사람들이 그것을 지킬 능력이 없음과 그들의 본성과 마음과 생활이 죄악으로 오염되어 있음을 깨닫게 하며, 자신들의 죄와 비참을 알아 겸손하게 하며, 이로써 **그리스도와 그분의 완전한 순종이 자신들에게 필요**하다는 것을 더욱더 명백히 보도록 도와줍니다.

제97문: 도덕법은 특별히 중생한 사람들에게 어떻게 유용합니까?

답: 중생하여 그리스도를 믿는 사람들은 행위언약인 도덕법에서 해방이 되었기에 그것으로 의롭다 함을 받거나 심판 받지는 않습니다. 그러나 모든 사람들과 그들에게 공통된 일반적인 유용함들 외에도, 도덕법은 다음과 같은 면에서 그들에게 특별히 유용합니다. **도덕법은 그것을 성취하시고, 그들을 대신하여, 또 그들의 유익을 위해서 그 법의 저주를 당하신 그리스도와 그들이 얼마나 깊이 연결되어 있는지를 보여줍니다.** 그래서 도덕법은 그들로 하여금 더 많이 감사하도록 자극할 뿐 아니라, **자신들의 순종의 법칙인 도덕법을 매우 신중하게 따르는 것을 통해 동일한 감사를 표현**하도록 합니다."(대교리 제95, 97문답)

이상의 모든 내용에 미루어볼 때, 예수님께서 할례받으신 것은 두 가지 의미를 함께 내포합니다. 첫째, 예수님께서 **구원자로서** 그분을 예언하고 있는 **율법을 성취**하셨을 뿐 아니라 **율법의 요구에 온전히 순종**하셨습니다. 둘째, 그분의 백성들은 삼위 하나님의 이름으로 **세례를 받아 언약의 표를 가짐으로 동일한 감사를 표현**해야 합니다.[3] 첫째 원리를 약화하면 율법주의/공로사상이, 둘째 원리를 약화하면 율법폐기론 및 방종과 교만이 독버섯처럼 교회 안

---

3) 이 표현에 대한 오해가 없어야겠습니다. 예수님께서 사십 일 금식하셨으니 우리도 똑같이 해야 한다든지, 예수님께서 십자가에 달리셨으니 우리도 똑같이 (십자가에 달리는 것에 상응하는 육체의) 고통을 당해야 한다는 식으로 적용하면 안 됩니다. 이러한 물리적인 연결이 아니라 그 속에 담긴 언약 원리의 연속성(continuity of the covenant principles)을 의미합니다.

에 만연하게 됩니다.

　예수님께서 갓난아기 때 언약의 표를 받으신 것이 하나님께서 인간에게 요구하신 의무를 성취하는 것이라면, 도대체 누가 어떤 권세로 언약의 자녀로부터 이 특권(유아세례)을 **빼앗을** 수 있겠습니까? 유대인들은 할례를 받을 자격이 없는 죄인입니다. 이방인들도 세례를 받을 자격이 없는 죄인입니다. 그러나 예수 그리스도께서 갓난아기 때 할례를 받으심으로 유대인들에게도, 이방인들에게도 참된 봉사자가 되셨습니다. 그래서 우리는 그분의 은혜에 감격하여 찬송할 수밖에 없습니다.

　　"내가 말하노니 그리스도께서 하나님의 진실하심을 위하여 할례의 수종자가 되셨으니 이는 조상들에게 주신 약속들을 견고케 하시고 8 이방인으로 그 긍휼하심을 인하여 하나님께 영광을 돌리게 하려 하심이라 기록된바 이러므로 내가 열방 중에서 주께 감사하고 주의 이름을 찬송하리로다 함과 같으니라9"(롬 15:8~9)

　그리고 한 세례one baptism로 한 주님one Lord을 모시는 한 몸one body이 되어 서로를 사랑할 수밖에 없습니다.

　　"이제 인내와 안위의 하나님이 너희로 그리스도 예수를 본받아 서로 뜻이 같게 하여 주사5 한 마음과 한 입으로 하나님 곧 우리 주 예수 그리스도의 아버지께 영광을 돌리게 하려 하노라6 이러므로 그리스도께서 우리를 받아 하나님께 영광을 돌리심과 같이 너희도 서로 받으라"(롬 15:5~7)

■ 복습을 위한 질문

1. 구약의 할례와 신약의 세례와의 관계를 설명해보십시오. 이 둘의 공통점과 차이점을 말해보십시오.

2. 예수님께서 구약의 율법을 이루셨다는 말이 갖는 두 가지 의미가 무엇입니까?

3. 예수님의 육신의 부모가 그분께 할례를 행한 것이 어떻게 하나님의 구속 계획의 성취라고 할 수 있습니까?

4. 예수님의 할례는 그분이 구원자로서 받으신 것인데, 이것이 어떻게 구원자가 아닌 언약 백성들이 받아야 할 유아세례로 연결됩니까? 그 의미를 두 가지로 요약하여 설명해보십시오.

5. 한 걸음 더 성경에는 구원자/중보자가 먼저 경험한 사건을 이후에 언약 백성 전체가 함께 참여하는 여러 가지 실례가 기록되어 있습니다. 예를 들면, 모세가 먼저 물에서 건짐을 받고 그다음 이스라엘이 홍해에서 건짐을 받습니다. 예수님께서 먼저 세례를 받으시고 이후에 교회가 세례를 받습니다. 예수님께서 먼저 성령을 받으시고 이후에 교회가 오순절에 성령을 받습니다. 이 원리가 예수님께서 받으신 할례와 우리가 받는 세례로 어떻게 연결되겠습니까?

언약의 자녀로 자라신 예수님과 유아세례

"아기가 자라며 강하여지고 지혜가 충족하며 하나님의 은혜가 그 위에 있더니40 그 부모가 해마다 유월절을 당하면 예루살렘으로 가더니41 예수께서 열두 살 될 때에 저희가 이 절기의 전례를 좇아 올라갔다가42 그 날들을 마치고 돌아갈 때에 아이 예수는 예루살렘에 머무셨더라 그 부모는 이를 알지 못하고43 동행중에 있는 줄로 생각하고 하룻길을 간 후 친족과 아는 자 중에서 찾되44 만나지 못하매 찾으면서 예루살렘에 돌아갔더니45 사흘 후에 성전에서 만난즉 그가 선생들 중에 앉으사 저희에게 듣기도 하시며 묻기도 하시니46 듣는 자가 다 그 지혜와 대답을 기이히 여기더라47 그 부모가 보고 놀라며 그 모친은 가로되 아이야 어찌하여 우리에게 이렇게 하였느냐 보라 네 아버지와 내가 근심하여 너를 찾았노라48 예수께서 가라사대 어찌하여 나를 찾으셨나이까 내가 내 아버지 집에 있어야 될 줄을 알지 못하셨나이까 하시니49 양친이 그 하신 말씀을 깨닫지 못하더라50 예수께서 한가지로 내려가사 나사렛에 이르러 순종하여 받드시더라 그 모친은 이 모든 말을 마음에 두니라51 예수는 그 지혜와 그키가 자라가며 하나님과 사람에게 더 사랑스러워 가시더라52"(눅 2:40~52)

"성령이 형체로 비둘기같이 그의 위에 강림하시더니 하늘로서 소리가 나기를 너는 내 사랑하는 아들이라 내가 너를 기뻐하노라 하시니라22 예수께서 가르치심을 시작할 때에 삼십 세쯤 되시니라 사람들의 아는 대로는 요셉의 아들이니 요셉의 이상은 헬리요23 … 그 이상은 에노스요 그 이상은 셋이요 그 이상은 아담이요 그 이상은 하나님이시니라38"(눅 3:22~23,38)

제7장

언약의 자녀로 자라신 예수님과
유아세례

누가복음과 "인자"이신 예수님

누가복음은 예수님을 "**인자**the Son of Man"라고 강조합니다. 그래서 예수님부터 아담까지 거슬러 올라가는 계보를 소개합니다(눅 3:23~38). 사람man을 뜻하는 히브리어는 "**אָדָם**(아담)"입니다. 즉, 누가복음은 예수님을 "**아담의 아들**the Son of Adam"로 묘사합니다. 그분은 아담이 망쳐놓은 것을 회복할 뿐 아니라 더 크고 높은 신분과 특권으로 우리를 인도하는 "**새 아담**the New Adam"이십니다.[1]

그러나 그것이 끝이 아닙니다. 누가복음은 마태복음과 비슷하면

---

1) 누가복음이 예수님을 "인자"라고 부르면서 그분의 왕직과 제사장직을 한꺼번에 강조하는 것 역시 이와 관련되어 있습니다. 아담은 모든 피조물의 왕인 동시에 하나님을 섬기는 제사장이기 때문입니다.

서도 차이가 있는 계보를 소개합니다. 누가복음이 보여주는 계보에서 가장 충격적인 내용은 맨 마지막 문장입니다. 그것은 이 계보가 아담이 아니라 하나님에서 끝난다는 사실입니다.

"그 이상은 에노스요 그 이상은 셋이요 그 이상은 아담이요 그 이상은 하나님이시니라"(눅 3:38)

어떤 사람들은 '하나님께서 아담을 창조하셨으니 이 계보의 마지막에 하나님을 적어두었겠지.'라고 생각하고 넘어갑니다. 그러나 어떤 사람의 계보에, 그것도 자기 선조들의 명단에 하나님을 적는 것이 자연스러운 일입니까? 만일 어떤 한 유대인이 자신의 계보를 그렇게 기술했다면 그는 틀림없이 성문에 앉은 장로들의 회(會) 또는 공회(산헤드린)에 기소될 것입니다. 그리고 신성모독의 죄명으로 돌에 맞아 죽게 될 것입니다.

누가복음의 이 계보는 아담이 마치 하나님의 아들인 것처럼 묘사합니다.[2] 이는 누가 봐도 의도가 뚜렷한 표현입니다. 누가복음이 예수님을 "인자"라고 강조할 때, 그분은 '아담의 아들/새 아담'인 동시에 '하나님의 아들'이라는 뜻입니다. 즉, **누가복음에서 "인자"는 '아담의 아들the Son of Adam', 즉 '새 아담이신 하나님의 아들The**

---

2) 물론 아담은 하나님의 친아들이 아닙니다. 그러나 그는 하나님께서 자신의 형상으로 온 피조물 위에 세운 왕입니다(참고. 시 8편). 하나님의 형상으로 지음 받은 아담의 이러한 지위는 예수 그리스도와 모형론적 유비 및 대조(typological analogy and contrast)를 이룹니다. 아담의 아들/새 아담이신 예수님은 하나님의 친아들이십니다. 그분은 "보이지 아니하시는 하나님의 형상이요 모든 창조물보다 먼저 나신 자"(골 1:15)로서 "만물의 으뜸"(골 1:18), 즉 왕이십니다.

Son of God as the New Adam'이라는 뜻입니다. 누가복음 3장의 문맥은 이 사실을 강력하게 뒷받침합니다. 예수님의 계보는 그분을 '하나님의 아들'로 명시하는 구절(22절) 바로 다음에서 시작하여 아담을 '하나님의 아들'로 소개하는 구절(38절)로 끝나기 때문입니다.

> "성령이 형체로 비둘기같이 그의 위에 강림하시더니 하늘로서 소리가 나기를 **너는 내 사랑하는 아들**이라 내가 너를 기뻐하노라 하시니라22 예수께서 가르치심을 시작할 때에 삼십 세쯤 되시니라 사람들의 아는 대로는 요셉의 아들이니 요셉의 이상은 헬리요23 … 그 이상은 에노스요 그 이상은 셋이요 **그 이상은 아담이요 그 이상은 하나님이시니라**38"(눅 3:22~23,38)

그림 1. 예수님의 계보에 나타난 "하나님의 아들" 수미쌍관(Inclusio) 구조

A. 눅 3:21~22   "너는 내 사랑하는 아들" (하나님의 아들)
  B. 눅 3:23~37   "그 이상은" (사람의 계보)
C. 눅 3:38   "그 이상은 아담", "그 이상은 하나님" (아담의 아들, 하나님의 아들)

시간의 진행으로 본다면, 예수님께서 요한에게 세례를 받으신(눅 3:21~22) 후에 곧바로 광야에서 사십 일 동안 금식하면서 마귀에게 시험을 받으십니다(눅 4:1~2). 그러나 누가복음은 이 두 사건 사이에 시간의 순서와는 무관한 예수님의 계보(눅 3:23~38)를 소개합니다. 이는 다분히 의도적입니다. "인자"이신 예수님께서 '아담의 아들/새 아담'이자 '하나님의 아들'이심을 강조하기 위한 장치입니다.

표 1. 세례, 계보, 사십 일 금식과 "하나님의 아들"이신 "인자"

문맥	핵심 어구	"인자"의 의미
세례 (눅 3:21~22)	"너는 내 사랑하는 아들"[3]	친히 죄인의 자리로 내려오신 하나님의 아들
계보 (눅 3:23~38)	"그 이상은 아담" "그 이상은 하나님"	아담의 아들/새 아담이신 하나님의 아들
사십 일 금식 (눅 4:1~13)	"네가 만일 하나님의 아들이어든"	(아담과는 달리) 마귀의 시험을 이기시는 하나님의 아들

새 아담이자 하나님의 아들로서 순종하시는 예수님

하나님의 아들로 세움을 받은 첫 아담은 불순종합니다. 하나님과 맺은 언약을 저버립니다. 그러나 하나님의 친아들이요 새 아담이신 예수님은 순종하십니다. 첫 아담은 가장 좋은 환경(동산)에서도 시험에 넘어갔지만, 새 아담은 가장 불리한 환경(광야)에서도 시험을 물리치십니다(눅 4:1~13).[4] 첫 사람 아담 안에서 모든 인류는 타락했으나, 하나님 아버지의 친아들이신 새 아담 안에서 모든 신자는 하나님의 자녀가 됩니다(참고. 롬 5:12~21).

---

3) 누가복음의 이 표현은 다윗의 왕권을 가진 메시아를 예언한 시 2:7과 사 42:1의 중복 인용입니다.

4) 예수님의 공생애는 요한에게 세례를 받으심으로 시작됩니다. 그분의 첫 번째 사역은 광야에서 사십 일 동안 마귀에게 시험을 받는 일입니다. 예수님께서는 아담보다 훨씬 불리한 환경과 조건에서도 마귀의 시험을 물리치심으로써 하나님께서 인간을 선하고 거룩하게 창조하셨다는 사실을 입증하십니다. 이는 타락의 책임이 하나님께 있지 않음을 보여주는 중요한 사역입니다. 이와 동시에 이 '아담의 아들/새 아담'께서는 불순종한 첫 아담과 대조적으로, 거룩한 신(新)인류인 교회의 머리가 되실 기초를 닦기 시작하십니다.

그렇다면 누가복음에 기록된 예수님의 할례뿐 아니라 그분의 어린 시절까지도 하나님의 친아들이자 새 아담으로서 순종하는 것이지 않겠습니까? 첫 사람 아담은 불순종함으로 언약을 파기했습니다. 그러나 누가복음의 "인자", 즉 '아담(사람)의 아들/새 아담'이신 예수 그리스도는 아버지의 뜻에 완전히 순종하십니다. 그분의 순종은 하나님께서 언약 백성에게 요구하시는 의무에 대한 순종이기도 합니다. 이러한 점에서, **예수 그리스도는 온 교회가 따라야 할 언약의 본**이 되십니다.

"문: 하나님께서 사람에게 요구하시는 의무는 무엇입니까?

답: 하나님께서 사람에게 요구하시는 의무는 그분의 계시된 뜻에 순종하는 것입니다."(소교리 제39문답; 대교리 제91문답)

언약의 자녀로 성장하신 예수님

바로 이러한 이유로, "인자"이신 예수님께서는 할례라는 언약의 표를 받으실 뿐 아니라 언약의 자녀로 자라십니다. 첫 사람 아담과는 달리, 하나님 아버지의 뜻이 담긴 율법의 말씀에 철저히 순종하십니다.

먼저 예수님께서는 부모님을 따라 "해마다" 예루살렘에 가서 절기를 지키십니다(눅 2:41~42). 즉, 그분은 어릴 때부터 율법의 말씀을 따라 하나님께 예배하는 언약의 자녀로 자라십니다. 한번은 이런 일이 있었습니다. 부모가 예수님을 잃어버렸다가 사흘 만에 성전에서 다시 만납니다. 그때 예수님께서 무엇을 하고 계셨습니까? 성전에서 율법 교사들 가운데 앉아 그들에게 듣고 질문하십니다. 주위에 있던 사람들이 모두 다 그분의 지혜와 대답에 놀랄 정도였습니다(눅 2:43~47). 왜 여기서 이러고 있는지 부모가 묻자, 예수님은 자신이 아버지 집에 있는 것이 마땅하다고 대답하십니다(눅 2:48~49). 이처럼 예수님은 율법의 말씀을 배우고 익히며 자라십니다. 하나님의 말씀을 듣고, 배우며, 묻고 대답하면서 자라십니다.

여기서 끝이 아닙니다. 나사렛으로 가신 예수님은 육신의 부모를 공경하고, 그들에게 순종하면서 지혜와 키가 함께 성장하십니다. 하나님과 사람 양쪽 모두에게 사랑을 받으십니다(눅 2:51~52). 하나님이신 예수님의 지혜가 점점 자란 것에 대해 이상하게 여길 필요가 없습니다. 그분은 하나님의 아들이실 뿐 아니라 새 아담인 "인자(아담의 아들)"로 오셨기 때문입니다. 동산에서의 첫 사람 아담이 선하게 창조되었으나 그의 지혜가 점점 자라야 했던 것과 마찬가지로, 인자(아담의 아들)이신 예수님께서도 그 길을 걸어가십니다. 초대교회사의 삼대 공교회 신조 중 하나인 아타나시우스 신조가 예수님의 신인(神人) 양성에 대해 이런 담대한 고백문을 작성한 것도 이와 같은 이유에서입니다.

> "… 완전한 하나님이시오, 이성적 영혼과 인간의 육이 공존하시니 완전한 사람이십니다. **신성을 따라서는 아버지와 동등하시고, 인성을 따라서는 아버지에게 열등하십니다.** …"(아타나시우스 신조)

이렇게 하나님의 친아들 예수님은 어릴 때부터 육신의 부모의 자녀로, 그리고 말씀의 자녀이자 교회의 자녀로 자라십니다. 지혜와 육신 양쪽 모두 성장하십니다. 하나님과 사람 양쪽 모두에게서 사랑을 받으십니다. 첫 아담이 불순종하여 실패한 언약의 책무를 하나님의 친아들이자 아담의 아들(인자)이신 예수님께서 순종을 통해 이행하십니다.[5] 이를 통해 예수님은 아버지께서 택하신 모든 백성의 구속자일 뿐 아니라 **모든 언약 백성의 본**이 되십니다.

새 아담이자 하나님의 아들이신 예수님을 따르는 언약의 자녀

할례받은 예수님의 어린 시절 모습은 (모든 언약 백성들 특히) **유아세례를 받는 모든 언약의 자녀들이 따라야 할 참된 본**입니다. 유아세례를 받은 언약의 자녀는 거기서 멈추지 않고, 계속 신앙이 자라야 합니다. 육신이 자라고 강건해질 뿐 아니라 지혜와 신앙이 함께 자라야 합니다. 언약의 표를 받은 아이에게는 하나님의 은혜가 함께 하기 때문입니다.

---

5) 주후 2세기 변증가 이레네우스(Irenaeus)는 새 아담이신 예수님의 이 성장이 언약 백성 전체의 "총괄갱신(recapitulatio, ἀνακεφαλαίωσις)"임을 강조한 대표적인 신학자입니다. 이레네우스가 말한 "총괄갱신"은 예수님께서 언약 백성 전체의 대표와 대신인 동시에 그분이야말로 언약 백성이 걸어가야 할 길에 대한 완전한 본이 되신다는 뜻이 내포되어 있습니다. 그의 주장에 대한 보다 상세한 설명으로는 Jean Daniélou, *From Shadows to Reality: Studies in the Biblical Typology of the Fathers* (London: Burns & Oaths, 1960), 30~47을 참고하십시오. 그러나 이 책의 저자가 천주교 추기경이라는 사실을 염두에 두고 비판적으로 읽을 것을 권합니다.

"아기가 자라며 강하여지고 지혜가 충족하며 하나님의 은혜가 그 위에 있더라"(눅 2:40)

특히 언약의 자녀는 하나님께 예배하는 아이로 자라야 합니다. 이를 위해 부모가 그를 예배의 자리로 데려가야 합니다.

"그 부모가 해마다 유월절을 당하면 예루살렘으로 가더니41 예수 께서 열두 살 될 때에 저희가 이 절기의 전례를 좇아 올라갔다가 42"(눅 2:41~42)

또한, 언약의 자녀는 부모뿐 아니라 성경 교사(목사)에게서 하나 님의 말씀을 듣고 배우며, 묻고 대답하면서 자라야 합니다. 이를 통해 그의 지혜가 자랍니다. 하나님을 경외하는 것이 지식과 지 혜의 근본이기 때문입니다(욥 28:28; 시 111:10; 잠 1:7; 9:10). 그리스도 의 복음 안에 지혜와 지식의 모든 보화가 담겨 있기 때문입니다(롬 16:25~27; 고전 1:24,30; 2:6~8; 골 2:2~3; 딤후 3:15). 우리 주 예수 그리 스도께서 친히 우리의 본이 되셨습니다. 만백성의 참 스승이신 그 분이 오히려 율법 교사들에게 듣기도 하시고 묻기도 하셨습니다. **율법을 성취하여 우리를 구원**하시기 위해, 그리고 **율법의 요구에 순종하여 우리의 본**이 되시기 위해서입니다.

"사흘 후에 성전에서 만난즉 그가 선생들 중에 앉으사 저희에게 듣 기도 하시며 묻기도 하시니46 듣는 자가 다 그 지혜와 대답을 기이

히 여기더라47"(눅 2:46~47)

유아세례를 받은 자녀들이 점점 자라 교리문답반catechism class에 들어가서 배워야 할 이유가 바로 여기에 있습니다. 하나님의 말씀, 곧 그리스도의 복음을 묻고 답하면서 지혜가 자라야 하기 때문입니다. 이 아이는 마침내 공적 신앙고백(입교)을 통해 단단한 음식인 성찬을 먹고 마셔 소화하는 영적 어른이 될 것입니다.

또한, 언약의 자녀는 부모를 공경하고, 그들에게 순종하면서 자라야 합니다. 신앙을 계승해야 합니다. 믿는 가정의 부모조차 복음을 깊이 이해하지 못하는 경우가 있습니다. 본이 되지 못할 때도 있습니다. 때로는 그들도 하나님을 대적하여 죄를 범합니다. 그러나 언약의 자녀는 부모를 공경함으로 하늘에 계신 하나님 아버지에 대한 공경을 배웁니다. 또한, 성경적인 방법으로 악한 마귀를 대적하는 법도 배웁니다.[6] 심지어 어떤 때는 언약의 자녀로 인해 부모가 거꾸로 영향을 받아 하나님의 뜻을 깨닫기도 합니다. 야곱이 그러했고, 마리아가 그러했습니다.

"요셉이 다시 꿈을 꾸고 그 형들에게 고하여 가로되 내가 또 꿈을 꾼즉 해와 달과 열 한 별이 내게 절하더이다 하니라9 그가 그 꿈으로 부형에게 고하매 아비가 그를 꾸짖고 그에게 이르되 너의 꾼 꿈이 무엇이냐 나와 네 모와 네 형제들이 참으로 가서 땅에 엎드

---

6) 특히 부모의 잘못된 지시와 명령에 대해 그러합니다.

려 네게 절하겠느냐10 그 형들은 시기하되 그 아비는 그 말을 마음
에 두었더라11"(창 37:9~11)

"양친이 그 하신 말씀을 깨닫지 못하더라50 예수께서 한가지로 내
려가사 나사렛에 이르러 순종하여 받드시더라 그 모친은 이 모든
말을 마음에 두니라51"(눅 2:50~51)

언약의 자녀가 이렇게 할 때, 그는 육신의 성장과 더불어 신앙과
지혜가 자랍니다. 하나님과 사람 양쪽 모두에게 사랑스러운 아이
로 성장합니다. 우리 주 예수 그리스도께서 완전한 본이 되셨습니
다(눅 2:49~52).

유아세례를 받은 것이 끝이 아닙니다. 언약의 표와 인(印)을 시행
하는 것으로 부모의 도리를 다했다고 착각하면 안 됩니다. 이제부
터 시작입니다. 유아세례를 받은 언약의 자녀는 육신의 성장뿐 아
니라 말씀 안에서 지혜가 성장해야 합니다. 항상 은혜 안에 거해야
합니다. 첫 사람 아담의 불순종을 따라 모든 인류가 범죄했으나,
새 아담의 순종을 본받아 순종하는 하나님의 자녀로 자라야 합니
다.

우리의 자녀는 어떻습니까? 우리는 언약의 자녀를 양육하겠다는
엄숙한 서약을 이행하고 있습니까? 이 책무는 육신의 부모뿐 아니
라 교회의 직분자들, 그리고 먼저 공적 신앙고백을 한 성도들에게
도 주어져 있습니다. 그들 역시 교회의 지체로서 유아세례를 받은

아이의 영적 가족이기 때문입니다. 유아세례를 시행할 때, 부모만 서약하는 것이 아니라 직분자들과 성도들이 증인이 되어 이 엄숙한 언약에 함께 참여하며 서약하기 때문입니다.[7] 여러분은 유아세례를 받은 아이를 교회의 자녀로 양육하고 있습니까?

---

7) 일반적으로 한국 교회의 성도들은 유아세례 시 부모만 서약하는 것으로 생각하는 경향이 있습니다. 그러나 유아세례와 함께 이 아이는 교회의 자녀로 공적으로 받아들여집니다. 유아세례가 공예배 때, 공적 직분자인 목사의 집례로, 교회의 직분자들과 회중 전체가 지켜보는 가운데 시행되는 이유가 바로 이 때문입니다.

■ 복습을 위한 질문

1. 누가복음에서 예수님을 가리키는 "인자"라는 호칭은 무엇을 의미합니까?

2. 누가복음 3장의 계보의 특징이 무엇입니까? 이를 통해 알 수 있는 사실이 무엇입니까?

3. 첫 아담과 인자(아담의 아들/새 아담)이신 예수님의 공통점과 차이점이 무엇입니까?

4. 예수님께서 어릴 때부터 해마다 성전에 가서 절기를 지키신 것이 우리에게 어떤 교훈을 줍니까?

5. 예수님께서 성전에서 무엇을 하고 계셨습니까? 또 나사렛으로 가서 어떻게 하셨습니까? 예수님께서 모든 언약 백성의 본이라는 측면에서 그 의미를 말해보십시오.

6. 유아세례식을 하는 것이 끝이 아니라 언약의 자녀로서 어떻게 자라야 합니까?

7. 한 걸음 더 유아세례 후의 부모의 책무, 직분자의 책무, 먼저 믿은 성도들의 책무를 말해봅시다.

유아에 대한 예수님의 가르침과 유아세례

"사람들이 예수의 만져 주심을 바라고 자기 어린 아기를 데리고 오매 제자들이 보고 꾸짖거늘15 예수께서 그 어린아이들을 불러 가까이하시고 이르시되 어린아이들이 내게 오는 것을 용납하고 금하지 말라 하나님의 나라가 이런 자의 것이니라16 내가 진실로 너희에게 이르노니 누구든지 하나님의 나라를 어린아이와 같이 받들지 않는 자는 결단코 들어가지 못하리라 하시니라17"(눅 18:15~17; 참고. 마 19:13~15; 막 10:13~16)

제8장

유아에 대한 예수님의 가르침과
유아세례

어린 아기를 예수님께 데려온 부모

하루는 사람들이 예수님께서 만져 주시기를 바라고 어린 아기들을 데려옵니다(15절). 그런데 누가복음의 이 본문에서 흥미로운 표현이 하나 등장합니다. 이 사건에 대한 마태복음과 마가복음의 병행 본문은 예수님께 나아온 "어린아이"를 표현할 때, 모두 "παιδίον(파이디온)"이라는 단어를 사용합니다. 이는 "어린아이very young child", "유아infant"라는 뜻인데, 유아부터 조금 더 자란 어린아이에 이르기까지 통용 가능한 단어입니다. 그런데 누가복음 역시 이 단어를 사용하긴 하지만, 15절에서만큼은 "βρέφος(브렢호스)"라는 단어를 사용합니다. 이는 "유아infant", "갓난아기new born baby"를 의미하는데, 앞에서 설명한 "παιδίον(파이디온)"보다는 훨씬

폭이 좁게 사용됩니다. 즉, 어린아이라기보다는 (한글개역성경과 한글개역개정성경과 같이) **"어린 아기"**라고 번역하는 것이 더 어울립니다.[1] 물론 이 두 단어 모두 "유아infant"를 의미한다는 점에서 상호 교체하여 사용할 수는 있지만 말입니다.[2] 아무튼 15절에서 부모들이 예수님께 데려온 것은 아주 어린 아기들입니다.

제자들의 꾸짖음과 예수님의 노하심
이를 본 제자들이 그 부모들을 어떻게 대합니까?

"… 제자들이 보고 꾸짖거늘"(15절)

그렇다면 예수님께서는 어떤 태도를 보이십니까? 예수님께서는 오히려 부모들을 꾸짖는 제자들에게 노여워하십니다. 누가복음에는 기록되지 않았지만, 병행 본문인 마가복음은 이렇게 진술합니다.

---

1) 이 단어는 이 구절 외에도 눅 1:41,44; 2:12,16; 행 7:19; 딤후 3:15; 벧전 2:2에서 사용되었는데, 단 한 번의 예외 없이 매우 어린 아기(유아)를 의미합니다. 심지어 뱃속에 있는 아기(눅 1:41,44)를 가리킬 때도 이 단어가 사용되었습니다. "제2장. 삼위 하나님의 사역과 유아세례", 각주 3)을 참고하십시오.

2) 그래서 16절과 17절에서는 마태복음, 마가복음과 마찬가지로 "$\pi\alpha\iota\delta\iota o\nu$(파이디온)"을 사용합니다. 아마도 예수님을 찾아온 부모들은 아주 어린 갓난아기들을 데려온 것 같습니다(15절). 이에 대해 예수님께서는 갓난아기뿐 아니라 어린아이 즉 언약의 자녀 전체에 대한 교훈을 주신 것으로 보입니다. 헬라어 단어 "$\pi\alpha\iota\delta\iota o\nu$(파이디온)"에 대해서는 "제2장. 삼위 하나님의 사역과 유아세례", 각주 5)를 참고하십시오.

"예수께서 보시고 분히 여겨[3] 이르시되 어린아이들의 내게 오는 것을 용납하고 금하지 말라 하나님의 나라가 이런 자의 것이니라"(막 10:14)

요점은 이것입니다. **예수님께서는 어린 아기들을 그분 앞으로 데리고 오는 부모들을 가로막는 제자들에게 진노하십니다.**

언약 백성의 특권과 의무: 하나님께 나아가 복을 받음

예수님께서 하신 이 말씀을 어린아이가 어른보다 더 선한 본성을 가지고 있다는 뜻으로 곡해하면 안 됩니다. 어른과 마찬가지로, 어린아이도 죄인입니다. 부모의 뱃속에서부터 이미 죄의 본성을 가지고 태어납니다(원죄). 그리고 자라면서 그 본성을 따라 계속 죄를 짓습니다(자범죄). 그러니 어린아이가 어른보다 순진무구하다느니 또는 악에 물들지 않았다느니 하는 방식으로 이 본문을 이해하려 해서는 안 됩니다. 사실 **예수님의 말씀은 구약의 배경 위에서 주어진 것입니다.**[4]

---

3) 한글개역개정성경에서는 "노하시어"로 번역되었습니다. 여기에 사용된 헬라어 "ἀγανακτέω(아가낙테오)"는 "화나다/분개하다/성나다(be angry/aroused/indignant)" 라는 뜻을 가진 동사입니다.

4) 현대 성경학자, 특히 신약학자들의 가장 큰 문제 중 하나는 구약과 신약을 단절시키거나 서로 대조적으로만 보는 경향입니다. (66권 각각의 특징을 무시해서는 안 되지만, 동시에) 성경 전체를 하나의 통일성 있는 계시로 보는 방식은 지난 백여 년 동안 매우 약화되었습니다. 현대 성경학자들의 이러한 경향은 심지어 성경의 영감을 굳게 고백하는 교회들에까지 깊이 스며들어 거대한 영향력을 발휘하고 있습니다. 그러니 예수님께서 어린 아기들이 나아오는 것을 허락하시고 그들을 축복하시는 이 사건을 구약성경

모든 언약 백성들은 태어난 지 팔 일째 되는 날 할례를 받아야 했습니다(창 17:12; 참고. 21:4; 출 22:29~30; 눅 2:21; 빌 3:5). 언약의 표 (할례)가 없는 사람은 하나님의 백성 가운데서 끊어질 것입니다. 하나님께서 그를 심판하십니다.

> "할례를 받지 아니한 남자 곧 그 양피를 베지 아니한 자는 백성 중 에서 끊어지리니 그가 내 언약을 배반하였음이니라"(창 17:14)

반대로, 하나님께서는 언약의 표를 가진 백성에게 복 주십니다. 누구에게도 언약의 표를 가진 백성 – 심지어 어린아이라 하더라도 – 이 하나님께 나아오는 것을 금할 권세가 없습니다. 모든 언약 백 성들은 하나님께 나아가야 합니다. 그분의 만져 주심을 받아야 합니다. 그분이 주시는 복을 받아야 합니다. 이를 막는 자에게 하나 님께서 진노하십니다.

그래서 구약시대 언약 백성들은 삼대 절기 – 유월절과 무교절, 칠칠절(맥추절), 초막절(수장절) – 가 되면 여호와께서 그 이름을 두시 려고 택하신 곳 – 성막 또는 성전 – 에 가서 그분께 희생 제사를 드 리고, 또 그분 앞에서 먹고 마셔야 했습니다. 이때 어른뿐 아니라 어린 자녀까지 그렇게 해야 했습니다. 할례받은 어린아이 역시 언 약 백성이기 때문입니다.

과 관련지어 생각하기 쉽지 않습니다.

유월절과 무교절:

"칠 일 동안에는 무교병을 먹고 유교병을 너희 곳에 있게 하지 말
며 네 지경 안에서 누룩을 네게 보이지도 말게 하며7 너는 그날
에 **네 아들**에게 뵈어 이르기를 이 예식은 내가 애굽에서 나올 때
에 여호와께서 나를 위하여 행하신 일을 인함이라 하고8 이것으로
네 손의 기호와 네 미간의 표를 삼고 여호와의 율법으로 네 입에
있게 하라 이는 여호와께서 능하신 손으로 너를 애굽에서 인도하
여 내셨음이니9 연년이 기한에 이르러 이 규례를 지킬찌니라10"(출
13:7~10)

칠칠절(맥추절, 오순절):

"칠 주를 계수할찌니 곡식에 낫을 대는 첫날부터 칠 주를 계수하여
9 네 하나님 여호와 앞에 칠칠절을 지키되 네 하나님 여호와께서
네게 복을 주신 대로 네 힘을 헤아려 자원하는 예물을 드리고10 너
와 **네 자녀**와 노비와 네 성중에 거하는 레위인과 및 너희 중에 있
는 객과 고아와 과부가 함께 네 하나님 여호와께서 그 이름을 두
시려고 택하신 곳에서 네 하나님 여호와 앞에서 즐거워할찌니라
11"(신 16:9~11)

초막절(수장절):

"너희 타작 마당과 포도주 틀의 소출을 수장한 후에 칠 일 동안 초
막절을 지킬 것이요13 절기를 지킬 때에는 너와 **네 자녀**와 노비와
네 성중에 거하는 레위인과 객과 고아와 과부가 함께 연락하되14

네 하나님 여호와께서 택하신 곳에서 너는 칠 일 동안 네 하나님 여호와 앞에서 절기를 지키고 네 하나님 여호와께서 네 모든 물산과 네 손을 댄 모든 일에 복 주실 것을 인하여 너는 온전히 즐거워할찌니라₁₅"(신 16:13~15)

삼대 절기:

"네 하나님 여호와 앞 곧 여호와께서 그 이름을 두시려고 택하신 곳에서 네 곡식과 포도주와 기름의 십일조를 먹으며 또 네 우양의 처음 난 것을 먹고 네 하나님 여호와 경외하기를 항상 배울 것이니라₂₃ 그러나 네 하나님 여호와께서 그 이름을 두시려고 택하신 곳이 네게서 너무 멀고 행로가 어려워서 그 풍부히 주신 것을 가지고 갈 수 없거든₂₄ 그것을 돈으로 바꾸어 그 돈을 싸서 가지고 네 하나님 여호와의 택하신 곳으로 가서₂₅ 무릇 네 마음에 좋아하는 것을 그 돈으로 사되 우양이나 포도주나 독주 등 무릇 네 마음에 원하는 것을 구하고 거기 네 하나님 여호와의 앞에서 너와 **네 권속**이 함께 먹고 즐거워할 것이며₂₆"(신 14:23~26)

언약 백성의 특권과 의무: 예수 그리스도께 나아와 복을 받음

그런데 이제 놀라운 일이 발생하고 있습니다. 이스라엘의 부모들이 할례받은 어린 아기들을 예수님 앞으로 데려오고 있습니다. 예루살렘 성전으로 가서 거기서 예배하고, 거기서 먹고 마시며 즐거워하고, 또 거기서 복을 받아야 할 언약 백성들이 예수님 앞으로

나아오고 있습니다. 자신의 어린 자녀들을 데리고 말입니다.

왜 그렇습니까? 이제 성전보다 더 큰 분이 오셨기 때문입니다(참고. 마 12:6). 하나님의 독생자께서 친히 사람 성전이 되어 오셨기 때문입니다(참고. 요 1:14; 2:19~22). 그러니 이제 예수님께로 나아와 그분이 선포하시는 복을 받아야 하지 않겠습니까?[5] 여기에 어린아이들이 결단코 배제되어서는 안 됩니다. 부모에게도, 심지어 사도들에게도 언약의 자녀들이 예수님께 나아와 복을 받는 것을 가로막을 권세가 없습니다.

유아세례, 그리고 언약 백성의 특권과 의무

그러므로 유아들에 대한 예수님의 이런 태도와 가르침은 진공상태에서 갑자기 튀어나온 것이 아닙니다. 예수님께서는 구약의 할례와 절기에 담긴 의미를 그분 자신과 단절시키지 않으십니다. 오히려 이를 그분 자신의 사역으로 연결하십니다. 그분이 구약의 모든 율법을 성취하러 오셨기 때문입니다. 또한, 율법에 순종하심으

---

5) 이와 유사한 실례로, 예수님께서 한 중풍병자에게 사죄를 선포하시고 그를 치유하신 사건을 들 수 있습니다(마 9:1~8; 막 2:1~12; 눅 5:17~26). 옛 언약 시대 사죄의 장소는 성막/성전이었습니다. 그곳에서 레위 지파 중보자에 의해, 중보의 희생 제사를 통해 사죄가 주어졌습니다. 그러나 이 중풍병자의 친구들은 유대 땅 예루살렘 성전으로 가는 대신, 갈릴리에 계신 예수님께로 이 병자를 데리고 옵니다. 그들은 천국 복음이 선포되고 있는 말씀의 강단 앞으로, 아니 더 정확하게 말하자면 사람 성전이며 말씀이신 예수 그리스도 앞으로 이 병자를 데리고 옵니다. 옛 언약 시대와 마찬가지로, 이 병자는 성전에서, 그리고 말씀으로 치유됩니다. 차이가 있다면, 이 성전이 예수님 자신이며, 그분이 선포하신 말씀이 이 중풍병자를 치료하며, 사죄의 은혜를 베풀고 있다는 사실입니다. 성전보다 큰 분이 오셨기 때문입니다. 율법(말씀)의 성취자인 말씀이 사람이 되셨기 때문입니다.

로 얻은 완전한 의(義)를 우리에게 전가해주러 오셨기 때문입니다.

"때가 차매 하나님이 그 아들을 보내사 여자에게서 나게 하시고 율법 아래 나게 하신 것은4 율법 아래 있는 자들을 속량하시고 우리로 아들의 명분을 얻게 하려 하심이라5"(갈 4:4~5)

"너희가 다 믿음으로 말미암아 그리스도 예수 안에서 하나님의 아들이 되었으니26 누구든지 그리스도와 합하여 세례를 받은 자는 그리스도로 옷 입었느니라27"(갈 3:26~27)

유아세례는 결코 구약의 할례와 단절된 새로운 사상이나 제도가 아닙니다. 오히려 그리스도 안에서 성취된 할례의 의미가 유아세례를 통해 밝게 드러나며 확장됩니다. 이뿐 아닙니다. **할례와 절기는 서로 뗄 수 없는 관계** 속에 있습니다. 할례받은 사람은 절기를 지킬 책무를 가지고 있습니다. 마찬가지로 (유아)세례와 예배는 서로 뗄 수 없는 관계 속에 있습니다. (유아)세례받은 사람은 예배에 참석해야 합니다. 어린아이도 예외가 될 수 없습니다. 할례받은 백성 모두가 하나님께 나아와 예배하고 그분이 주시는 복을 받아야 하는 것과 마찬가지로, (유아)세례받은 백성 모두가 그러해야 합니다. 그리스도인의 자녀는 예수님의 품속에 있어야 합니다. 그분의 만져 주심을 받아야 합니다. 그분이 주시는 복을 받아야 합니다. 이를 위해 예배 시간에 부모는 자신의 어린아이들을 주님 앞으로 데려와야 합니다.

언약의 자녀들도 성령의 전인 교회의 지체입니다. 그리스도의 몸의 일부입니다. 그러니 새 언약의 절기, 부활의 날인 주일 공예배 시간에, 언약의 자녀 역시 성전이신 그리스도께로 나아와 하늘로부터 내려오는 복을 받아야 합니다. 하나님께서는 예배의 시작에 '축복의 인사'를, 예배의 마지막에 '복의 선포'를 통해 우리의 자녀들에게 복 주십니다. 언약의 자녀들도 죄인이며, 오직 그리스도를 통해 사죄의 은혜를 받아야 합니다. 그래서 그들 역시 예배 중에 '죄의 공적 고백'에 참여하며, '사죄의 선포'를 들어야 합니다. 지금도 성전이신 예수 그리스도께서는 우리와 우리 자녀들을 만져 주시고, 어머니인 교회를 통해 품속에 안으시며, 복 주십니다.

누구에게도 이를 금할 권세가 없습니다. 이를 막는 자에게 우리 주님께서 진노하십니다.

■ 복습을 위한 질문

1. 사람들이 예수님께 누구를 데려왔습니까? 특히 눅 18:15는 이를 어떤 단어로 표현합니까?

2. 어린아이들에 대해 예수님의 제자들과 예수님의 태도가 어떻게 달랐습니까?

3. 절기와 관련하여, 구약시대 이스라엘 백성들에게 어떤 특권과 의무가 있었습니까?

4. 부모들이 자기 자녀들을 예루살렘 성전 대신 예수님께로 데려와 복을 받는 모습이 보여주는 의미가 무엇입니까?(새 언약 시대의 관점에서)

5. 할례와 절기가 연결되는 것과 마찬가지로, 유아세례는 무엇과 연결됩니까?

6. 한 걸음 더 오늘날 교회 안에서 부모가 해야 할 중요한 의무가 무엇입니까? 또 직분자들이 부모에게 가르치고 권면해야 할 것이 무엇입니까?

제9장 예수님께서 제정하신 세례와 오순절의 세례

제10장 고넬료와 루디아의 가정에 시행한 세례

제11장 빌립보와 고린도에서의 세례

제12장 짝 믿는 가정과 유아세례

제4부

사도들과 유아세례

예수님께서 제정하신 세례와
오순절의 세례

"예수께서 나아와 일러 가라사대 하늘과 땅의 모든 권세를 내게 주셨으니18 그러므로 너희는 가서 모든 족속으로 제자를 삼아 아버지와 아들과 성령의 이름으로 세례를 주고19 내가 너희에게 분부한 모든 것을 가르쳐 지키게 하라 볼찌어다 내가 세상 끝날까지 너희와 항상 함께 있으리라 하시니라20"(마 28:18~20)

"베드로가 가로되 너희가 회개하여 각각 예수 그리스도의 이름으로 세례를 받고 죄 사함을 얻으라 그리하면 성령을 선물로 받으리니38 이 약속은 너희와 너희 자녀와 모든 먼데 사람 곧 주 우리 하나님이 얼마든지 부르시는 자들에게 하신 것이라 하고39 또 여러 말로 확증하며 권하여 가로되 너희가 이 패역한 세대에서 구원을 받으라 하니40 그 말을 받는 사람들은 세례를 받으매 이날에 제자의 수가 삼천이나 더하더라41"(행 2:38~41)

제9장

예수님께서 제정하신 세례와
오순절의 세례

부활하신 예수님께서 제정하신 세례

예수님께서는 새 언약의 창시자이자 중보자이십니다. 그분은 죽음에서 부활하신 후, 새 언약 시대에 합당한 새 성례를 제정하십니다. 그것이 바로 세례입니다.

"예수께서 나아와 일러 가라사대 하늘과 땅의 모든 권세를 내게 주셨으니[18] 그러므로 너희는 가서 모든 족속으로 제자를 삼아 **아버지와 아들과 성령의 이름으로 세례를 주고**[19] 내가 너희에게 분부한 모든 것을 가르쳐 지키게 하라 볼찌어다 내가 세상 끝날까지 너희와 항상 함께 있으리라 하시니라[20]"(마 28:18~20)

생베 조각을 낡은 옷에 붙여서는 안 됩니다. 새 포도주를 낡은 가죽 부대에 담아서는 안 됩니다. 새 포도주의 시대가 도래했습니다(참고. 마 9:16~17; 막 2:21~22; 눅 5:37~39). 그러므로 **새 언약 시대에는 세례baptism가 옛 언약 시대의 성례인 할례를 대체합니다.**[1] 유아세례 반대론자들은 성경 어디에도 유아들이 세례를 받은 증거가 없다고 주장하지만, 성경의 증거는 오히려 그 반대입니다.

아브라함과 그의 권속들이 받은 최초의 할례(창세기 17장) 이후, 구약시대 내내 하나님께서는 할례를 언약의 표로 삼으셨습니다. 이스라엘 백성 역시 그렇게 생각하며 살아왔습니다. 앞서 제6장에서 자세히 설명한 바와 같이, 예수님께서도 이 율법에 순종하셨습니다. 유아 때 친히 할례를 받으심으로 언약의 표를 그 몸에 새기셨습니다. 그런 예수님께서 부활 후 새 언약의 성례(세례)를 제정하실 때, 갑자기 유아들과 어린아이들을 언약의 대상에서 제외하셨다면 너무나도 이상한 일이 아닙니까? 만일 그랬다면, 이제부터 유아들에게는 세례를 시행하지 말라고 명령하시지 않았을까요? 이 본문에서 유아들이 언급되지 않았다는 이유를 들어 예수님께서 유아세례를 금지하셨다고 보는 주장이야말로 억측입니다. 그 이전까지는 언약 백성의 자녀들이 언제나 언약의 표인 할례를 받았고, 그들 역시 언약 백성으로 간주되었는데 말입니다.

---

1) 물론 새 언약 시대가 시작되었어도 옛 언약 시대가 곧바로 종결된 것이 아니므로 이 과도기적인 시기 - 사도 시대 - 가 지나갈 때까지 일정 기간 유대인들에 대한 할례 시행 금지는 유예되었습니다(참고. 행 16:3). 그러나 이방인에게는 곧바로 할례가 금지되고 세례만이 시행되었습니다(참고. 사도행전 15장; 갈 2:3; 5:1~4). 이 과도기적 시기의 독특성에 대한 보다 상세한 설명으로는 권기현, 『방언이란 무엇인가』, 196~219를 참고하십시오.

이뿐 아닙니다. 예수님께서는 갈릴리의 한 산에서 (자살한 가룟 유다를 제외한) 열한 사도(마 28:16)에게 이 명령을 주십니다. 이 열한 사도는 모두 할례받은 유대인입니다. 예수님께서 이들에게 하신 명령은 매우 단순합니다. 아버지와 아들과 성령의 이름으로 세례를 시행하여 모든 (이방) 족속들[2]을 제자로 삼으라는 명령입니다. 예수님께서는 이 명령에서 어린아이들을 제외하지 않으십니다. 예수님께서 말씀하신 "모든 족속" 가운데 어린아이가 제외되어 있다고 생각하는 것이야말로 비상식적인 발상이며, 성경의 통일성에도 부합하지 않습니다.

구약시대 내내, 심지어 신약시대가 되어 예수님 자신과 사도들까지 모두가 어린아이는 언약 백성의 일원이며 언약의 표를 가져야 한다고 믿어왔습니다. 부활하신 예수님께서는 사도들에게 이제는 모든 (이방) 족속까지도 세례의 대상으로 삼으라고 하십니다. 단지 어린아이들에게 세례를 베풀라는 표현이 명시적으로 나타나지 않을 뿐입니다. 오히려 그 말을 하지 않는 것이 지당합니다. 어린아이들이 세례를 받는 것은 너무나도 당연한 일이기 때문입니다.

---

2) 성경에는 "민족" 또는 "족속" 등으로 번역된 대표적인 두 단어가 등장합니다. 하나는 "ἔθνος(에트노쓰)"이고, 다른 하나는 "φυλή(퓔레)"입니다. 전자는 마 28:19에 사용된 단어인데, 일반적으로 이방 족속들을 가리킬 때 사용됩니다[참고, 마 4:15; 6:32; 10:5,18; 12:18,21; 20:19,25; 21:43; 24:7(2회 사용),9,14; 25:32 등]. 후자는 특히 이스라엘 열두 지파를 가리킬 때 주로 사용됩니다(마 19:28; 24:30; 눅 2:36; 22:30; 행 13:21; 롬 11:1; 빌 3:5; 히 7:13,14; 약 1:1 등).

오순절 성령 강림과 세례

부활하신 예수님께서는 사십 일 동안 땅 위에 계시면서 사도들에게 하나님 나라의 일을 말씀하십니다(행 1:3). 그다음 사도들이 보는 데서 승천하십니다(행 1:9; 참고. 막 16:19; 눅 24:51). 그로부터 며칠 지나지 않아 오순절이 되었습니다. 예수님께서 예고하신 대로 제자들에게 성령이 강림합니다. 사도들을 대표하여 베드로가 군중 앞에서 복음을 선포합니다. 이 설교의 결론은 예수님의 지상대명령(마 28:19~20)과 정확히 일치합니다.

> "베드로가 가로되 너희가 회개하여 각각 예수 그리스도의 이름으로 세례를 받고 죄 사함을 얻으라 그리하면 성령을 선물로 받으리니38 **이 약속은 너희와 너희 자녀(τέκνοις, 테크노이스)**[3]와 **모든 먼 데 사람** 곧 주 우리 하나님이 얼마든지 부르시는 자들에게 하신 것이라 하고39"(행 2:38~39)

아브람과 그의 종들이 받은 세계 최초의 할례(창세기 17장)를 기억하십니까? 오순절에 시행한 최초의 세례는 그 시행 방식의 차이가 있을 뿐 그 원리와 대상은 구약시대의 할례와 동일합니다.[4] 다음의

---

3) "어린아이(child)"를 뜻하는 헬라어 단어 "τέκνον(테크논)"의 중성, 복수, 여격입니다.

4) "실체이신 그리스도께서 나타나신 복음 시대에는 말씀의 설교, 그리고 세례와 성찬인 성례 집례가 이 언약을 배포하는 규례이다. 이 규례들은 그 수효가 상대적으로 적고 보다 단순하고 외적 영광이 덜한 방식으로 시행되지만, 그 안에서 언약은 유대인이든 이방인이든 모든 민족에게 보다 풍성하며 증거가 분명하고 영적으로도 효과적으로 제시되니, 곧 신약이라 부른다. 그러므로 **실체가 다른 두 은혜언약이 아니라, 배포만 다른 동일한 하나의 언약만이 있다.**"(웨스트민스터 신앙고백서 7:6)

표 2를 참고하십시오.

표 2. 옛 언약의 할례와 새 언약의 세례

	옛 언약의 할례	새 언약의 세례
시행 방식	생식기의 양피를 자름	물로 시행
의미	언약의 표	언약의 표
대상	아브라함(이스라엘) 아브라함의 후손 아브라함의 종(이방인)	"너희": 신앙을 고백한 이스라엘 백성 "너희 자녀": 이스라엘 백성의 자녀 "모든 먼 데 사람": 신앙을 고백한 이방인
횟수	평생 1회	평생 1회

당시 베드로의 설교를 듣던 사람들은 절기를 지키러 성전에 와 있던 이스라엘 백성들입니다(참고. 행 2:14,22,36[5]). 그들은 언약 백성의 범주 안에 자신들의 자녀가 포함된다고 항상 생각해온 사람들입니다. 그래서 아이들이 태어난 지 팔 일 만에 언약의 표sign인 할례를 시행해온 사람들입니다. 그런 그들에게 **베드로는 예수님을 믿고 회개하는 자들과 그들의 자녀가 세례를 받아야 한다고 선포합니다**(39절). 믿는 자뿐 아니라 그의 자녀까지도 새 언약 백성의 범주에 포함된다는 사실을 확인시켜줍니다. 바로 그날 무려 삼천 명이나 되는 사람들이 세례를 받습니다.

---

5) "베드로가 열한 사도와 같이 서서 소리를 높여 가로되 **유대인들과 예루살렘에 사는 모든 사람들아** 이 일을 너희로 알게 할 것이니 내 말에 귀를 기울이라14 … **이스라엘 사람들아** 이 말을 들으라 너희도 아는 바에 하나님께서 나사렛 예수로 큰 권능과 기사와 표적을 너희 가운데서 베푸사 너희 앞에서 그를 증거하셨느니라22 … 그런즉 **이스라엘 온 집이 정녕 알찌니** 너희가 십자가에 못박은 이 예수를 하나님이 주와 그리스도가 되게 하셨느니라36"(행 2:14,22,36)

"그 말을 받는 사람들[6]은 세례를 받으매 이날에 제자의 수가 삼천
이나 더하더라"(41절)

본문의 문맥은 세례를 받은 삼천 명 중에 어린아이들이 포함되지
않는다고 생각할 그 어떤 여지도 주지 않습니다.

**그리스도의 죽음과 부활은 유대인과 이방인을 하나로 만듭니다.
그리고 신자의 자녀까지도 하나님의 언약 백성으로 호출합니다.
유아세례를 받으라고 명령합니다.**

---

6) 여기서 "그 말을 받는 사람들"을 문자주의(literalism)로 해석하여 '어린아이들은 그 말
   을 받을 수가 없으니 아무도 세례받지 않았다.'라고 주장한다면, 그것이야말로 성경의
   통일성과 문맥을 무시하는 자의적 해석(eisegesis)에 지나지 않습니다.

■ 복습을 위한 질문

1. 예수님의 지상대명령과 오순절에 세례받은 사람들 중에 유아들이 포함된다는 사실을 알고 있었습니까?

2. 부활하신 예수님의 지상대명령에 유아세례가 포함된다는 것을 어떻게 알 수 있습니까?

3. 창세기 17장의 할례와 사도행전 2장의 세례 사이의 공통점과 차이점을 말해보십시오(힌트: 표 2).

4. 오순절에 삼천 명에게 시행한 세례의 대상에 유아들이 포함된다는 것을 어떻게 알 수 있습니까?

5. 한 걸음 더 웨스트민스터 신앙고백서 7장 5절과 6절을 읽으십시오. "실체가 다른 두 은혜언약이 아니라, 배포만 다른 동일한 하나의 언약만이 있다"는 마지막 문장과 관련하여 할례와 유아세례의 불연속성(discontinuity)과 연속성(continuity)을 말해봅시다.

고넬료와 루디아의 가정에
시행한 세례

"이튿날 가이사랴에 들어가니 고넬료가 일가와 가까운 친구들을 모아 기다리더니24… 베드로가 이 말할 때에 성령이 말씀 듣는 모든 사람에게 내려오시니44 베드로와 함께 온 할례 받은 신자들이 이방인들에게도 성령 부어주심을 인하여 놀라니45 이는 방언을 말하며 하나님 높임을 들음이러라46 이에 베드로가 가로되 이 사람들이 우리와 같이 성령을 받았으니 누가 능히 물로 세례 줌을 금하리요 하고47 명하여 예수 그리스도의 이름으로 세례를 주라 하니라 저희가 베드로에게 수일 더 유하기를 청하니라48"(행 10:24,44~48)

"거기서 빌립보에 이르니 이는 마게도냐 지경 첫 성이요 또 로마의 식민지라 이 성에서 수일을 유하다가12 안식일에 우리가 기도처가 있는가 하여 문밖 강가에 나가 거기 앉아서 모인 여자들에게 말하더니13 두아디라 성의 자주 장사로서 하나님을 공경하는 루디아라 하는 한 여자가 들었는데 주께서 그 마음을 열어 바울의 말을 청종하게 하신지라14 저와 그 집이 다 세례를 받고 우리에게 청하여 가로되 만일 나를 주 믿는 자로 알거든 내 집에 들어와 유하라 하고 강권하여 있게 하니라15"(행 16:12~15)

제10장

고넬료와 루디아의 가정에
시행한 세례

우리는 제9장에서 오순절에 세례를 받은 삼천 명 중에 유아가 제외되었다는 근거가 없음을 확인했습니다. 그렇다면 이 원리는 그 이후에도 계속되었을까요? 당연히 그렇습니다. 사도행전과 서신서는 이를 일관성 있게 보여줍니다.

고넬료의 집에서 시행한 세례

이방인 백부장 고넬료의 가정에 성령이 임한 사건은 우리에게 잘 알려져 있습니다. 베드로는 고넬료의 집에 모인 그의 친족과 지인들에게 복음을 전합니다.

"이튿날 가이사랴에 들어가니 고넬료가 일가와 가까운 친구들을
모아 기다리더니"(행 10:24)

이때 놀라운 일이 발생합니다. 베드로가 전하는 복음을 듣고 있
던 모든 사람에게 성령이 임합니다(44절). 그러자 베드로뿐 아니라
그와 동행한 모든 유대인 신자들이 깜짝 놀랍니다. 고넬료의 가정
에 모인 사람들은 이방인이기 때문입니다(45절). 베드로 및 그와 함
께한 동역자들은 이때 비로소 놀라운 사실을 깨닫습니다. 하나님
께서 이방인에게도 (유대인과 아무런 차별 없이) 성령을 부어주시는
시대가 도래한 것입니다.[1] 오순절에 (유대인 제자들에게) 임한 성령
이 이 이방인들에게도 똑같이 임했습니다. 눈앞에서 발생한 이 놀
라운 사실을 확인한 베드로는 주저 없이 이렇게 말합니다.

"이에 베드로가 가로되 이 사람들이 우리와 같이 성령을 받았으니
누가 능히 물로 세례 줌을 금하리요 하고47 명하여 예수 그리스도
의 이름으로 세례를 주라 하니라 저희가 베드로에게 수일 더 유하
기를 청하니라48"(47~48절)

성경은 어린아이들이 그 자리에 있었는지 명시하지 않습니다. 그

---

1) 이 사건(사도행전 10~11장)은 단순히 어떤 이방인 한 명 또는 한 가정이 예수님을 영접
   하여 구원을 받았다는 예화가 아닙니다. 하나님께서 유대인뿐 아니라 이방인에게도 성
   령을 선물로 주시는 시대가 도래했음을 계시하신 세계 최초의 사건입니다. 이에 대한
   보다 상세한 주해와 적용을 위해서는 권기현, 『선교, 교회의 사명: 성경적인 선교를 생
   각하다』 (경북: R&F, 2012), 100~116을 참고하십시오.

러나 사도행전 전체의 문맥은 고넬료의 집에서 베풀어진 세례로부터 유아들이 배제되었다는 그 어떤 여지도 제공하지 않습니다.

(1) 구원의 약속과 세례의 대상

베드로는 오순절 선포에서, 구원의 약속과 세례의 대상에 신자의 자녀들을 포함시킵니다.

> "베드로가 가로되 너희가 회개하여 각각 예수 그리스도의 이름으로 세례를 받고 죄 사함을 얻으라 그리하면 성령을 선물로 받으리니38 이 약속은 너희와 **너희 자녀**와 모든 먼 데 사람 곧 주 우리 하나님이 얼마든지 부르시는 자들에게 하신 것이라 하고39"(2:38~39)

(2) 오순절에 세례 받은 자들

이 놀라운 복음을 들은 사람 중 삼천 명이 세례를 받습니다. 그러니 여기에 유아들이 제외되어야 할 아무런 이유가 없습니다. 이는 제9장에서 우리가 이미 확인한 바입니다.

> "그 말을 받는 사람들은 **세례**를 받으매 이날에 제자의 수가 삼천이나 더하더라"(2:41)

(3) 백부장 고넬료의 집에 모인 이방인들에게도 선포된 복음

그로부터 몇 년이 지난 후, 베드로는 백부장 고넬료의 집에 모인 이방인들에게 복음을 전합니다. 죽으시고 부활하신 구주 예수 그리스도의 이름으로 죄 사함을 얻는다는 것이 그 핵심 내용입니다. 이는 그가 오순절에 전한 것과 본질적으로 동일합니다(참고. 행 2:38; 10:43).

"베드로가 입을 열어 가로되 내가 참으로 하나님은 사람의 외모를 취하지 아니하시고34 각 나라 중 하나님을 경외하며 의를 행하는 사람은 하나님이 받으시는 줄 깨달았도다35 만유의 주 되신 예수 그리스도로 말미암아 화평의 복음을 전하사 이스라엘 자손들에게 보내신 말씀36 곧 요한이 그 세례를 반포한 후에 갈릴리에서 시작되어 온 유대에 두루 전파된 그것을 너희도 알거니와37 하나님이 나사렛 예수에게 성령과 능력을 기름 붓듯 하셨으매 저가 두루 다니시며 착한 일을 행하시고 마귀에게 눌린 모든 자를 고치셨으니 이는 하나님이 함께하셨음이라38 우리는 유대인의 땅과 예루살렘에서 그의 행하신 모든 일에 증인이라 그를 저희가 나무에 달아 죽였으나39 하나님이 사흘 만에 다시 살리사 나타내시되40 모든 백성에게 하신 것이 아니요 오직 미리 택하신 증인 곧 죽은 자 가운데서 일어나신 후 모시고 음식을 먹은 우리에게 하신 것이라41 우리를 명하사 백성에게 전도하되 하나님이 산 자와 죽은 자의 재판장으로 정하신 자가 곧 이 사람인 것을 증거하게 하셨고42 저에 대하여 모든 선지자도 증거하되 **저를 믿는 사람들이 다 그 이름을 힘입어 죄 사함을 받는다** 하였느니라43"(10:34~43)

(4) 이방인들에게도 선물로 주어진 성령

베드로가 이 복음을 전할 때, 고넬료의 집에 모인 이방인들에게도 성령이 임합니다. 이는 참으로 놀라운 사건입니다. 이때까지만 해도 당대 교회는 이방인들에게도 성령이 선물로 주어진다는 사실을 미처 생각하지 못했기 때문입니다.

"베드로가 이 말할 때에 성령이 말씀 듣는 모든 사람에게 내려오시니"(10:44)

(5) 유대인과 이방인이 하나 됨

베드로는 이를 오순절과 연속 선상에서 발생한 사건으로 이해합니다. 오순절에는 유대인들에게 성령이 선물로 주어졌다면, 이제 이방인들에게도 동일한 성령이 선물로 주어진다는 것을 베드로뿐 아니라 그와 동행한 유대인 동역자들도 자신들의 눈으로 확인했기 때문입니다.

"베드로와 함께 온 할례 받은 신자들이 **이방인들에게도 성령 부어 주심을** 인하여 놀라니45 이는 방언을 말하며 하나님 높임을 들음이러라46 이에 베드로가 가로되 **이 사람들이 우리와 같이 성령을 받았으니**…47"(10:45~47a)

(6) 세례받는 이방인들

이제 베드로는 조금도 주저하지 않고 이 집에 모인 이방인들도 세례를 받게 합니다.

> "이에 베드로가 가로되 이 사람들이 우리와 같이 성령을 받았으니 누가 능히 물로 세례 줌을 금하리요 하고47 명하여 예수 그리스도 의 이름으로 세례를 주라 하니라 저희가 베드로에게 수일 더 유하 기를 청하니라48"(10:47~48)

(7) 예루살렘교회에 보고하는 베드로

이후에 베드로는 이 일이 오순절 성령 강림과 동일한 사건이라 고 예루살렘교회에 보고합니다. 오순절에서는 할례받은 유대인들 에게, 고넬료의 가정에서는 이방인들에게 성령이 임했다는 차이가 있을 뿐입니다.

> "베드로가 저희에게 이 일을 차례로 설명하여4 … 내가 말을 시작 할 때에 **성령이 저희에게 임하시기를 처음 우리에게 하신 것과 같 이 하는지라**15 내가 주의 말씀에 요한은 물로 세례 주었으나 너희 는 성령으로 세례 받으리라 하신 것이 생각났노라16 그런즉 **하나 님이 우리가 주 예수 그리스도를 믿을 때에 주신 것과 같은 선물 을 저희에게도 주셨으니** 내가 누구관대 하나님을 능히 막겠느냐 하더라17"(11:4~17)

(8) 공교회적 확증

예루살렘교회 역시 베드로의 이 보고가 참되다는 사실을 인정합니다. 유대인들뿐 아니라 이방인들에게도 성령이 선물로 주어진다는 이 놀라운 사실은 사도의 보고와 예루살렘교회의 확인이라는 과정을 통해 공교회적으로 받아들여집니다.

> "저희가 이 말을 듣고 잠잠하여 하나님께 영광을 돌려 가로되 그러면 하나님께서 이방인에게도 생명 얻는 회개를 주셨도다 하니라"(11:18)

이상의 내용이 사도행전 2장에서 11장까지 이어지는 문맥입니다. 고넬료의 집에서 시행한 세례에서 유아들이 제외되었다고 주장할 만한 하등의 근거가 있습니까? 오순절에 시행한 세례와 마찬가지로, **고넬료의 집에서도 유아들이 세례의 대상에 포함**되었다고 보는 것이 지당하지 않습니까?

루디아의 가정에 시행한 세례

사도행전 13장부터는 구속사의 카메라 초점이 예루살렘에서 (수리아) 안디옥으로, 베드로에서 바울의 사역으로 이동합니다. 바울의 2차 선교 사역 때의 일입니다. (소)아시아 지역에서만 복음을 전하던 바울은 밤에 본 환상이 하나님의 계시라고 확신하여 유럽으로 건너갑니다(16:9~12).[2] 마게도냐의 큰 성 빌립보에 도착한 며칠

---

2) 이를 근거로 오늘날에도 환상으로 계시를 받는다는 사람들이 있습니다. 그러나 성경이 완성된 지금은 하나님께서 이전에 주시던 계시 방법을 그치셨습니다(웨스트민스터 신

후, 바울은 (공식적으로는) 유럽 최초의 신자를 얻게 됩니다. 놀랍게도 그는 여자인데, (빌립보에서 멀리 떨어진) 두아디라 성의 자주색 옷감 장사꾼 루디아입니다. 바울은 회심한 루디아[3]뿐 아니라 그의 가족 구성원 전체에게 세례를 줍니다.

"저와 그 집[4]이 다 세례를 받고…"(15절)

성경은 여기서도 어린아이들이 함께 세례를 받았는지 명시하지 않습니다. 그렇다고 해서 어린아이들을 이 세례의 대상에서 제외할 그 어떤 명분도 주지 않습니다.

앙고백서 1:1). 특별계시의 구속사적 전이에 대해서는 권기현, "부록 3. 꿈과 환상에서 완성된 계시로: 성경의 절대적 중요성(히1:1∼2)", 『방언이란 무엇인가?』, 262∼268을 참고하십시오.

3) 구약시대에는 여자들도 언약 백성 가운데 포함된다는 사실이 명시되어 있지만(참고. 신 29:11; 수 8:35), 여자들에게까지 할례를 행하지는 않았습니다. 그리고 이스라엘의 인구조사(민수기 1장, 26장)에 여자들과 미성년자들은 포함되지 않았습니다. 심지어 예수님께서 오병이어로 오천 명을, 그리고 칠병이어로 사천 명을 먹이신 이적을 경험한 사람들의 숫자에도 포함되지 않았습니다(마 14:21; 15:38; 막 6:44; 8:9; 눅 9:14; 요 6:10). 그러나 예수님의 승천과 오순절 사이에 다락에 모인 일백이십 명의 무리 가운데는 여자들이 포함되어 있습니다(행 1:13∼15). 더 나아가 사도행전 16장은 여자인 루디아가 세례의 대상일 뿐 아니라 그 가정의 신앙의 대표였음을 보여줍니다(루디아는 과부 또는 이교도 남편을 둔 부유한 여자로 추정됩니다). 바울은 고린도교회에 보낸 첫 번째 편지에서, 짝 믿는 가정의 자녀도 거룩하다고 가르칩니다. 이는 짝 믿는 가정의 자녀 역시 언약 백성이며, 세례의 대상임을 보여줍니다. 디모데 역시 짝 믿는 가정의 언약 백성으로 태어나 자란 사람일 가능성이 매우 높습니다(참고. 행 16:1∼3; 딤후 1:5; 3:15).

4) 여기서의 "집(οἶκος, 오이코스)"을 건물로 볼 사람은 아무도 없습니다. 성경에서 "집"은 종종 어떤 사람에게 속한 모든 권속이나 소유를 의미합니다. 여기서는 루디아에게 속한 모든 사람을 뜻합니다. 최소한 루디아의 가족은 틀림없이 "그 집"에 속하며, 어쩌면 루디아의 집에 함께 살고 있던 하인이나 종들까지 포함될지도 모릅니다.

(1) 루디아의 신앙 배경

루디아는 유대교에 입교하여 회당에 출석하던 이방인이었을 것입니다. 성경이 그를 가리켜 "두아디라 성의 자주 장사로서 하나님을 공경하는[5] 루디아라 하는 한 여자"(14절)라고 밝히고 있기 때문입니다. 사도 바울은 루디아를 포함하여 그와 함께 모여 있던 여자들이 회당 출석자들이라는 사실을 알아차립니다. 그래서 그들에게 기도할 장소를 물어보려다가 복음을 전하게 됩니다.

"안식일에 우리가 기도처가 있는가 하여 문밖 강가에 나가 거기 앉아서 모인 여자들에게 말하더니₁₃ 두아디라 성의 자주 장사로서 하나님을 공경하는 루디아라 하는 한 여자가 들었는데 주께서 그 마음을 열어 바울의 말을 청종하게 하신지라₁₄"(13~14절)

(2) 옛 언약 백성

그렇다면 루디아는 구약성경을 통해 어린아이들도 하나님의 언약 백성에 포함된다는 사실을 이미 잘 알고 있던 사람입니다.

---

5) 저자는 이 표현에 근거하여 루디아가 유대교에 입교하여 회당에 출석하던 이방인이라고 생각합니다. 이런 이방인들을 자주 **하나님을 경외하는 자(God-fearer)**"라고 불렀는데, 성경에서는 백부장 고넬료(행 10:2,22,35)와 루디아(행 16:14)에게 이 표현이 사용됩니다. 백부장 고넬료에게는 (하나님을) "두려워하다(fear)"는 뜻을 가진 헬라어 동사 "φοβέω(포베오)"가, 루디아에게는 "공경하다(venerate)", "숭상하다(adore)", "예배하다(worship)"는 뜻을 가진 헬라어 동사 "σέβω(쎄보)"가 사용되었습니다. 이 두 단어는 사도행전에서 유대교에 입교하여 회당에 출석하던 이방인을 가리킬 때 사용되는 대표적인 단어들입니다. "φοβέω(포베오)"는 비시디아 안디옥의 회당에 출석하던 이방인에게(행 13:16,26), "σέβω(쎄보)"는 비시디아 안디옥(행 13:43,50)뿐 아니라 데살로니가(행 17:4)와 아덴(행 17:17), 그리고 고린도의 회당에 출석하던 이방인(행 18:4,7)을 가리키는 표현으로 사용됩니다. 이로 보건대, 루디아는 회당에 출석하던 이방인이었을 것입니다.

(3) 새 언약 백성으로

회심 후 루디아는 자신뿐 아니라 그의 가정 전체가 바울로부터 세례를 받습니다.

(4) 사도 바울의 신앙 배경과 회심 후 그의 활동

사도 바울은 할례받은 유대인입니다. 그는 회심하기 전에도 어린 아이들이 언약 백성임을 잘 알고 있었습니다. 회심한 후에도 마찬가지입니다. 바울은 단 한 번도 어린아이들을 언약 백성에서 제외한 적이 없습니다(참고. 고전 7:14; 딤후 3:15).

이상의 모든 내용은 단 하나의 과녁을 향합니다. 성경은 언제나 신자의 자녀들을 언약 백성으로 가르치며, 그들 역시 세례의 대상이라고 증거합니다.

■ 복습을 위한 질문

1. 고넬료의 집에 모인 자들에게 성령이 임한 것이 당시에는 왜 놀라운 일입니까?

2. 고넬료의 집에서 시행한 세례에 어린아이들이 제외되었다고 볼 수 없는 이유를 말해보십시오.

3. 오순절 성령 강림(과 세례) 사건과 백부장 고넬료의 가정에 성령이 강림하고 세례를 베푼 사건의 공통점과 차이점이 무엇입니까?

4. 유럽 최초의 (공식적인) 신자는 누구입니까? 성경의 기록에 근거하여 그가 어떤 사람인지 말해보십시오.

5. 루디아의 가정에 시행한 세례에 어린아이들이 제외되었다고 볼 수 없는 이유를 말해보십시오.

6. 한 걸음 더 이방인의 사도인 바울이 새로운 지역에 도착할 때마다 "유대인의 회당"에서 복음을 전했습니다. 그의 선교지에서 회심한 이방인 중 다수는 원래 회당에 출석하던 자들이었습니다. 이 사실은 구약과 신약의 통일성과 어떤 관계가 있습니까? 또한, 오늘날의 선교/전도 프로그램과 어떤 차이가 있습니까?

빌립보와 고린도에서의 세례

"가로되 주 예수를 믿으라 그리하면 너와 네 집이 구원을 얻으리라 하고31 주의 말씀을 그 사람과 그 집에 있는 모든 사람에게 전하더라32 밤 그 시에 간수가 저희를 데려다가 그 맞은 자리를 씻기고 자기와 그 권속이 다 세례를 받은 후33 저희를 데리고 자기 집에 올라가서 음식을 차려 주고 저와 온 집이 하나님을 믿었으므로 크게 기뻐하니라34"(행 16:31~34)

"안식일마다 바울이 회당에서 강론하고 유대인과 헬라인을 권면하니라4 실라와 디모데가 마게도냐로서 내려오매 바울이 하나님의 말씀에 붙잡혀 유대인들에게 예수는 그리스도라 밝히 증거하니5 저희가 대적하여 훼방하거늘 바울이 옷을 떨어 가로되 너희 피가 너희 머리로 돌아갈 것이요 나는 깨끗하니라 이 후에는 이방인에게로 가리라 하고6 거기서 옮겨 하나님을 공경하는 디도유스도라 하는 사람의 집에 들어가니 그 집이 회당 옆이라7 또 회당장 그리스보가 온 집으로 더불어 주를 믿으며 수다한 고린도 사람도 듣고 믿어 세례를 받더라8"(행 18:4~8)

빌립보와 고린도에서의 세례

빌립보 간수의 가정에 시행한 세례

온 가족이 세례를 받은 루디아는 사도 바울을 자기 집에 모시고 공궤합니다(행 16:15). 어느 날 바울이 귀신 들려 점치는 여자 하나를 고쳐줍니다. 그 사건으로 인해 바울과 동역자 실라가 감옥에 갇힙니다. 그러나 큰 지진이 발생하여 옥문이 다 열리고, 갇힌 자들의 결박이 모두 풀어지는 놀라운 기적이 발생합니다. 간수는 자다가 일어나 죄수들이 모두 탈옥했다 생각하여 자결하려 합니다. 이때 바울이 그를 말리며, 감옥에 갇힌 자들이 아무도 도망하지 않았다고 그에게 알려줍니다. 간수는 비로소 이 일이 우연히 발생한 것이 아니며, 바울과 실라가 범상치 않은 인물임을 깨닫고 그 앞에 엎드립니다. 그리고 이렇게 묻습니다.

"…선생들아 내가 어떻게 하여야 구원을 얻으리이까…"(행 16:30)

본문 말씀은 바로 그다음, 이 간수의 가족 모두가 복음을 듣고 세례를 받았다는 내용입니다.

"가로되 주 예수를 믿으라 그리하면 **너와 네 집**이 구원을 얻으리라 하고31 주의 말씀을 **그 사람과 그 집에 있는 모든 사람**에게 전하더라32 밤 그 시에 간수가 저희를 데려다가 그 맞은 자리를 씻기고 **자기와 그 권속이 다** 세례를 받은 후33 저희를 데리고 자기 집에 올라가서 음식을 차려 주고 **저와 온 집**이 하나님을 믿었으므로 크게 기뻐하니라34"(행 16:31~34)

이 본문에서 저자가 굵은 글씨로 표기한 내용을 보십시오. "너와 네 집", "그 사람과 그 집에 있는 모든 사람", "자기와 그 권속이 다", "저와 온 집"이라고 조금씩 다르게 표현하고 있으나, 모두 같은 대상을 가리킨다는 사실을 쉽게 알 수 있습니다. 성경은 무려 네 번이나 반복하여 **빌립보 간수와 그의 가족 전체**를 묘사합니다. 여기에 어린아이들이 제외되었다고 생각할 여지는 티끌만큼도 없습니다.

이뿐 아니라, 빌립보 간수 집에서의 바울의 사역은 예수님의 지상 대명령(마 28:19~20)에 대한 순종입니다. 다음의 표 3을 보십시오.

표 3. 예수님의 지상대명령과 빌립보 간수 가족에 대한 바울의 사역

	지상대명령[1]	바울의 사역
명령과 결과	모든 족속으로 제자를 삼으라!(명령형)	간수와 그의 가족 전부가 하나님을 믿음
순종 1	세례를 주면서(현재분사)	간수와 그의 가족 전부에게 세례를 베풂
순종 2	가르치면서(현재분사)	간수와 그의 가족 전부에게 복음(말씀)을 전함

이상에서 보건대, 예수님의 지상대명령, 베드로를 위시한 열두 사도의 사역, 그리고 사도 바울의 사역은 일치하며, 예루살렘에서 시작하여 전 세계로 점진적으로 확장됩니다.

사탄의 집 바로 곁에서 건설되는 주님의 교회

이와 똑같은 원리가 고린도에서도 나타납니다. 바울은 이제 고린도에 가서 복음을 전합니다(행 18:1~18). 그는 매주 안식일에 유대인과 (회당에 출석하는) 이방인에게 복음을 전합니다. 그러던 중 마게도냐에 있던 실라와 디모데가 고린도에 도착하여 바울과 합류합니다. 그러나 바울의 복음 선포를 듣는 유대인 대부분은 그를 배척하며 강하게 반발합니다. 이때 바울은 회당을 나와 이방인 디도 유스도의 집에서 고린도교회를 설립합니다. 아이러니하게도, 고린도교회가 처음 회집한 이 장소는 회당 바로 옆집입니다(4~7절).

---

1) 예수님의 지상대명령(마 28:19~20)의 헬라어 번역과 그 의미에 대해서는 권기현, 『선교, 교회의 사명』, 14~28을 참고하십시오.

"안식일마다 바울이 회당에서 강론하고 유대인과 헬라인을 권면하니라₄ 실라와 디모데가 마게도냐로서 내려오매 바울이 하나님의 말씀에 붙잡혀 유대인들에게 예수는 그리스도라 밝히 증거하니₅ 저희가 대적하여 훼방하거늘 바울이 옷을 떨어 가로되 너희 피가 너희 머리로 돌아갈 것이요 나는 깨끗하니라 이 후에는 이방인에게로 가리라 하고₆ 거기서 옮겨 하나님을 공경하는 디도 유스도라 하는 사람의 집에 들어가니 **그 집이 회당 옆이라**₇"(행 18:4~7)

놀라운 역사가 일어나고 있습니다. **사탄의 집**(회당) **바로 곁에 주님의 교회가 건설**되고 있습니다. 죄가 더한 곳에 하나님의 은혜가 더욱 넘치고 있습니다(롬 5:20). 어떤 교회는 너무나도 타락하여 사탄의 회당이 되어버리지만, 이 땅 위에 하나님의 뜻을 따라 그분을 예배하는 참 교회가 보존됩니다(웨스트민스터 신앙고백서 25:5²). 고린도교회의 출발이 바로 그랬습니다. ³

---

2) "천하에서 지극히 순수한 교회라 하더라도 혼합과 오류에서 벗어날 수 없다. 더러는 그리스도의 교회임을 멈추고 사탄의 회(Synagogues of Satan)가 될 정도로 타락하였다. 그럼에도 불구하고 이 땅에는 하나님의 뜻을 따라 그분을 예배하는 교회가 항상 있을 것이다."(웨스트민스터 신앙고백서 25:5)

3) 복음을 강력하게 반대하고 핍박하는 유대인의 회당이 예배당 바로 곁에 있는데도, 바울이 떠난 이후의 고린도교회는 서로 파벌 싸움을 벌였습니다. 그리스도의 몸을 찢었습니다(고전 1:10~13). 고린도교회의 개척 당시 상황을 이해한다면, 교회 내부의 분쟁이 얼마나 큰 위기를 초래했는지 가히 짐작할 수 있습니다. 복음의 대적들로 둘러싸인 교회의 회원들이 서로를 미워하며 싸우다니….
"만일 서로 물고 먹으면 피차 멸망할까 조심하라"(갈 5:15)

고린도에서 시행한 세례

이렇게 유대인의 회당과 고린도교회가 대치하고 있는 이런 상황 가운데 충격적인 사건이 발생합니다. 회당의 최고 지도자(회당장)인 그리스보가 회심하여 세례를 받은 것입니다. 그것도 자기 혼자가 아니라 가족 전체와 함께 말입니다. 얼마 전까지 회당에 출석하며 가르치던 최고 지도자가 이제는 바로 옆집에 출석하는 새 언약의 예배자가 되었습니다. 공간으로 보면 단지 한 칸 옆이지만, 그리스보의 가정은 옛 언약에서 새 언약으로 넘어왔습니다. 실체가 왔는데도 그림자를 고수하는 거짓 교회에서 참 교회로 이동했습니다. 거짓 교회 안에서 누리는 모든 특권은 참 교회 안에서 누리는 티끌보다 못합니다(참고. 빌 3:1~9). 그리스보 가정의 회심은 단지 시작에 불과했습니다. 수많은 고린도 사람들도 믿고 세례를 받는 엄청난 역사가 발생합니다(8절).

놀라운 일은 계속 이어집니다. 그로부터 1년 6개월이 채 지나지 않아, 그리스도인이 된 그리스보의 후임 회당장 소스데네 역시 그리스도인이 됩니다. 유대인의 입장에서 생각해보십시오. 공회(산헤드린)에서 출교 되고 로마 총독에 의해 사형당한 이단 교주 예수를 전하는 거짓 교사 바울이 회당 옆집에 사람들을 모아 가르칩니다. 그런데 자신들의 최고 지도자가 이단의 미혹에 넘어가 회당을 떠나 옆집으로 출석합니다. 그를 따라 수많은 고린도 사람들도 미혹됩니다. 이것만 해도 기가 막힐 노릇입니다. 그런데 후임 회당장 소스데네조차 이 이단의 추종자가 됩니다. 얼마나 분하면 유대인들이 소스데네를 잡아 로마 제국이 임명한 총독의 재판석상에서까지 폭력을 행사했겠습니까?

> "모든 사람이 회당장 소스데네를 잡아 재판 자리 앞에서 때리되 갈
> 리오가 이 일을 상관치 아니하니라"(17절; 참고. 고전 1:1[4])

사탄의 진영이 복음의 군대에 의해 정복되고 있습니다. 사탄의 역군들이 회심하여 교회 건설의 일꾼으로 변화되고 있습니다. 여기서 우리가 다시 한번 눈여겨봐야 할 대목은 이것입니다.

> "또 회당장 그리스보가 온 집으로 더불어 주를 믿으며 수다한 고린
> 도 사람도 듣고 믿어 세례를 받더라"(8절)

이 구절과 그 앞뒤 문맥에는 **고린도에서 시행한 세례에 어린아이들이 제외되었다고 볼만한 그 어떤 실마리도 없습니다.**

첫째, 고린도교회의 구성원 대부분은 이전에 회당에 출석하던 사람들입니다. 회당에 출석하다가 회심한 유대인이나 이방인입니다.

둘째, 그들은 구약성경을 통해 어린아이들도 하나님의 언약 백성에 포함된다는 사실을 이미 잘 알고 있던 사람입니다.

---

4) "하나님의 뜻을 따라 그리스도 예수의 사도로 부르심을 입은 바울과 및 형제 소스데네는"(고전 1:1)
"고린도"라는 지명과 "소스데네"라는 이름을 볼 때, 동일 인물임이 거의 확실합니다. 소스데네는 그리스도와 교회를 대적하는 사탄의 선봉장(회당장)에서 사도 바울의 가장 신뢰받는 동역자 중 한 명이 되었습니다.

셋째, 회당장 그리스보의 가족 전부가 (다른 회심한 고린도 사람들과 마찬가지로) 세례를 받습니다.

유아세례 반대론자들은 유아들이 세례를 받았다는 표현이 없다는 것을 반대의 근거로 내세웁니다. 그러나 사도행전에 기록된 세례에 유아들을 굳이 언급할 이유가 없습니다. 너무나도 당연한 사실이기 때문입니다. 오히려 유아세례를 시행하지 않는다면 그것이야말로 매우 부자연스럽고 이상한 일입니다. 만일 그랬다면 성경이 이를 명시했을 것입니다.

■ 복습을 위한 질문

1. 빌립보 간수가 회심하기까지 있었던 일을 설명해보십시오.

2. 빌립보 간수의 가정에 시행한 세례에서 네 번의 반복된 표현이
   무엇입니까? 이 표현에서 알 수 있는 바가 무엇입니까?

3. 빌립보 간수 가족에 대한 바울의 사역이 예수님의 지상대명령과
   어떻게 연결되는지 설명해보십시오.

4. 고린도교회가 처음 설립될 당시의 상황을 설명해보십시오.

5. 고린도에서 시행한 세례에 유아들이 제외되지 않았다는 사실을 어
   떻게 알 수 있습니까?

6. 한 걸음 더   "삼위일체"라는 표현이 성경에 등장하지 않는다는 이
   유로 이를 부인하는 사람들이 있습니다. 성경에 "유아세례"라는
   표현이 없는 것에 대해 어떻게 생각하십니까?

7. 한 걸음 더   고린도교회의 내분(고전 1:10~13)은 성도들뿐 아니라 직
   분자들의 내분이기도 했습니다. 사도행전 18장의 개척 상황을 염두
   에 둘 때, 이것이 얼마나 큰 어려움인지 말해보십시오. 오늘날 직분
   자들 간의 분쟁과 교회 안의 분파가 얼마나 큰 죄인지 말해보십시오.

짝 믿는 가정과 유아세례

"그 남은 사람들에게 내가 말하노니 (이는 주의 명령이 아니라) 만일 어떤 형제에게 믿지 아니하는 아내가 있어 남편과 함께 살기를 좋아하거든 저를 버리지 말며12 어떤 여자에게 믿지 아니하는 남편이 있어 아내와 함께 살기를 좋아하거든 그 남편을 버리지 말라13 믿지 아니하는 남편이 아내로 인하여 거룩하게 되고 믿지 아니하는 아내가 남편으로 인하여 거룩하게 되나니 그렇지 아니하면 너희 자녀도 깨끗지 못하니라 그러나 이제 거룩하니라 14"(고전 7:12~14)

"또 네가 어려서부터 성경을 알았나니 성경은 능히 너로 하여금 그리스도 예수 안에 있는 믿음으로 말미암아 구원에 이르는 지혜가 있게 하느니라"(딤후 3:15)

제12장

짝 믿는 가정과 유아세례

제11장에서 우리는 빌립보 간수의 가정과 고린도에서 시행한 세례를 살폈습니다. 사도 바울이 고린도교회에 보낸 서신에도 세례와 관련한 내용이 기록되어 있습니다.

고린도교회 안의 짝 믿는 가정의 자녀

고린도교회의 구성원 중에는 짝 믿는 가정에서 출석하는 교인들도 있었습니다. 사도 바울은 이들이 불신 배우자와 함부로 이혼하지 못하게 합니다.[1]

---

1) 이 구절을 근거로 불신 결혼을 정당화해서는 안 됩니다. 이 구절에서 사도 바울은 짝 믿는 가정의 성급한 이혼을 금지할 뿐 불신 결혼을 허락하고 있지 않습니다. 그뿐 아니라 사도행전 18장의 정황상, 이전에 유대인의 회당에 출석하던 부부 중 한 명이 회심하여 세례를 받고 고린도교회의 회원이 되었을 가능성이 더 큽니다. 그 외에 이교도였

"그 남은 사람들에게 내가 말하노니 (이는 주의 명령이 아니라) 만일 어떤 형제에게 믿지 아니하는 아내가 있어 남편과 함께 살기를 좋아하거든 저를 버리지 말며₁₂ 어떤 여자에게 믿지 아니하는 남편이 있어 아내와 함께 살기를 좋아하거든 그 남편을 버리지 말라 ₁₃"(고전 7:12~13)

그렇게 해야 하는 이유는 불신 배우자가 믿는 아내나 남편에게 거꾸로 영향을 받아 신자가 될 가능성 때문입니다.

"믿지 아니하는 남편이 아내로 인하여 거룩하게 되고 믿지 아니하는 아내가 남편으로 인하여 거룩하게 되나니…"(14절)

이 말씀 바로 다음에 사도 바울은 중요한 한 가지를 덧붙입니다.

"…그렇지 아니하면 너희 자녀(τέκνα, 테크나)²도 깨끗지 못하니라 그러나 이제(νῦν, 뉜)³ 거룩하니라"(14절)

사도 바울은 **짝 믿는 가정의 자녀가 "지금", "깨끗하며", "거룩하다"**고 선언합니다. 이 말은 부모 중 한 분이 신자이면 그 자녀가 자동으로 구원을 받는다는 뜻이 아닙니다. 짝 믿는 가정의 자녀도 거

다가 남편이나 아내 한쪽만 회심한 경우도 있었을 것입니다.

2) "아이(child)", "자손(descendant/posterity)"을 뜻하는 "τέκνον(테크논)"의 중성, 복수, 주격입니다.

3) "지금(at this time/now)"이라는 뜻을 가진 부사입니다.

룩한 언약 백성 가운데 속한 자라는 뜻입니다. 하나님께서 사도를 통해 그 자녀를 거룩하다고 말씀하시는데도 유아세례를 주지 않을 이유가 어디 있습니까? 바로 이 때문에 우리 신앙고백서는 다음과 같이 진술합니다.

> "그리스도를 믿는 믿음과 그분에게 순종을 실제로 고백하는 자들 뿐만 아니라, **한 편이나 양편이 믿는 부모를 둔 유아도 세례 받아 야 한다**are to be baptized [4]."(웨스트민스터 신앙고백서 28:4)

> "문: 누구에게 세례를 베풀어야 합니까?
> 답: 세례는 그리스도에 대한 믿음과 순종을 고백할 때까지는 유형 교회 밖에 있어 약속의 언약에 외인들인 어느 누구에게도 베 풀어서는 안 됩니다. [5] 그러나 **양편 혹은 한편의 부모가 그리 스도에 대한 믿음과 순종을 고백하는 가정에서 태어난 유아 들은 그 언약 안에 있는 것으로 간주되므로 세례 받아야 합니 다.**"(대교리 제166문답)

갓난아기 시절의 디모데

사도 바울이 디모데에게 보낸 서신에 담긴 내용은 가히 충격적입

---

4) 대한예수교장로회(고신) 헌법은 이 부분을 "받을 수 있다"로 번역했는데. 오역입니다. "받아야 한다"로 번역해야 합니다. 즉 선택이 아니라 의무입니다.
5) 이 때문에 성인세례(Adult Baptism)가 필요하며, 신앙고백을 확인한 후에 시행합니다.

니다.

> "또 **네가 어려서부터 성경을 알았나니** 성경은 능히 너로 하여금 그
> 리스도 예수 안에 있는 믿음으로 말미암아 구원에 이르는 지혜가
> 있게 하느니라"(딤후 3:15)

이 구절에서의 "너"는 바울의 동역자이자 영적인 아들인 디모데
를 가리킵니다. 사도 바울은 디모데가 "어려서부터" 성경을 알았다
고 말씀합니다. 여기서 "어려서부터(ἀπὸ βρέφους[6], 아포 브렢후스)"라
는 표현은 전치사구입니다. 직역하면, "갓난아기부터(갓난아기 때부
터)"라는 뜻입니다. 디모데가 아무리 천재라 하더라도 갓난아기 때
부터 성경을 읽고 깨달았다고 보기는 힘듭니다. 이 말씀의 의미는
아래의 구절을 통해 이해할 수 있습니다.

> "이는 네 속에 거짓이 없는 믿음을 생각함이라 이 믿음은 먼저 네
> 외조모 로이스와 네 어머니 유니게 속에 있더니 네 속에도 있는
> 줄을 확신하노라"(딤후 1:5)

디모데가 갓난아기 때부터 성경을 알았다는 표현은 아주 어려서

---

6) "유아(infant)", "갓난아기(new born baby)"를 뜻하는 헬라어 단어 "βρέφος(브렢호스)"
   의 중성, 단수, 속격입니다. 이 단어는 이 구절 외에도 눅 1:41,44; 2:12,16, 18:15; 행 7:19;
   벧전 2:2에서 사용되었는데, 단 한 번의 예외 없이 (태어난 지 얼마 지나지 않은) 매우
   어린 아기 – 심지어 뱃속의 태아를 포함한 – 를 의미합니다. "제2장. 삼위 하나님의 사
   역과 유아세례"의 각주 3)과 제2장, 제8장의 내용을 참고하십시오.

부터 성경을 깨우쳤다기보다는 그가 믿는 어머니(유니게)에게서 태어나 자란 언약의 자녀라는 의미입니다.

여기서 사도 바울이 디모데의 외할머니 로이스와 어머니 유니게를 언급했다는 점에 유의할 필요가 있습니다. 디모데는 유대인 어머니와 이방인 아버지 사이에서 태어났습니다(행 16:1). 디모데의 아버지가 신앙인인지 여부는 성경이 명시적으로 밝히지 않습니다. 행 16:1~3[7]에 의하면, 그는 어머니가 유대인인데도 이전에 할례조차 받은 적이 없었습니다. 이 사실과 딤후 1:5; 3:15를 통해 추정하건대, 그가 짝 믿는 가정의 자녀였을 가능성이 매우 높습니다. 아마도 부모 중 어머니 유니게만 유대인의 회당에 출석하다가 이후에 디모데와 함께 회심하여 세례를 받았을 것입니다. 분명한 사실은 이것입니다. 하나님께서는 사도 바울을 통해, 최소한 양편 부모 중 어머니가 신앙인인 디모데를 가리켜 "갓난아기 때부터" 성경을 알았다고 평가한다는 점입니다.

이것이 무엇을 의미합니까? **성경은 믿는 가정의 유아뿐 아니라 짝 믿는 가정의 유아까지도 하나님의 언약 백성**으로 여긴다는 뜻입니다. 누구든 언약 백성이라면 마땅히 언약의 표인 세례를 받아야 합니다. 누구도 그에게서 이 의무이자 특권을 빼앗을 수 없습니다.

---

7) "바울이 더베와 루스드라에도 이르매 거기 디모데라 하는 제자가 있으니 그 모친은 믿는 유대 여자요 부친은 헬라인이라1 디모데는 루스드라와 이고니온에 있는 형제들에게 칭찬받는 자니2 바울이 그를 데리고 떠나고자 할쌔 그 지경에 있는 유대인을 인하여 그를 데려다가 할례를 행하니 이는 그 사람들이 그의 부친은 헬라인인 줄 다 앎이러라3"(행 16:1~3)

■ 복습을 위한 질문

1. 사도 바울은 고린도교회의 짝 믿는 가정의 자녀에 대해 어떻게 말씀합니까? 이것이 의미하는 바가 무엇입니까?

2. 유아세례에 대한 웨스트민스터 신앙고백서와 대교리문답의 진술을 말해보십시오. 한국의 장로교회에서 자주 간과되는 내용이 무엇입니까?

3. "어려서부터"(딤후 3:15)라는 표현의 의미가 무엇입니까? 디모데의 신앙 배경(행 16:1~3; 딤후 1:5)과 관련하여 설명해보십시오.

4. 디모데의 신앙과 그 배경에 대한 바울의 평가는 유아세례와 어떤 관련이 있습니까?

5. 한 걸음 더 행 16:1,14~15; 17:34를 고전 7:14; 딤후 1:5; 3:15와 연결하여 생각해보십시오(제10장 내용도 참고하십시오).

6. 한 걸음 더 짝 믿는 가정의 어린아이도 유아세례를 받아야 한다면, 이 특권과 함께 양편 부모가 모두 신앙인인 자녀와 차별 없는 언약의 책무도 있지 않겠습니까? 그리고 이 아이가 자라 성인이 된 후에는 권징에 있어서도 그렇지 않겠습니까? 레 24:10~23(특히 22~23절)과 관련하여 생각해보십시오.

제13장 새 가족

제14장 한 세례

제5부

한 세례 안에서
건설되는 새 가족

새 가족

"청함을 받은 자는 많되 택함을 입은 자는 적으니라"(마 22:14)

"또한 하나님의 말씀이 폐하여진 것 같지 않도다 이스라엘에게
서 난 그들이 다 이스라엘이 아니요6 또한 아브라함의 씨가 다
그 자녀가 아니라 오직 이삭으로부터 난 자라야 네 씨라 칭하리
라 하셨으니7 곧 육신의 자녀가 하나님의 자녀가 아니라 오직 약
속의 자녀가 씨로 여기심을 받느니라8 약속의 말씀은 이것이라
명년 이때에 내가 이르리니 사라에게 아들이 있으리라 하시니라
9 이뿐 아니라 또한 리브가가 우리 조상 이삭 한 사람으로 말미
암아 잉태하였는데10 그 자식들이 아직 나지도 아니하고 무슨 선
이나 악을 행하지 아니한 때에 택하심을 따라 되는 하나님의 뜻
이 행위로 말미암지 않고 오직 부르시는 이에게로 말미암아 서
게 하려 하사11 리브가에게 이르시되 큰 자가 어린 자를 섬기리
라 하셨나니12 기록된바 내가 야곱은 사랑하고 에서는 미워하였
다 하심과 같으니라13"(롬 9:6∼13)

"영접하는 자 곧 그 이름을 믿는 자들에게는 하나님의 자녀가 되
는 권세를 주셨으니12 이는 혈통으로나 육정으로나 사람의 뜻으
로 나지 아니하고 오직 하나님께로서 난 자들이니라13 말씀이 육
신이 되어 우리 가운데 거하시매 우리가 그 영광을 보니 아버지
의 독생자의 영광이요 은혜와 진리가 충만하더라14"(요 1:12∼14)

제13장

새 가족

언약과 선택

유아세례는 무엇보다도 언약 백성의 출생과 관련되어 있습니다. 인간 세상에서 '잉태'와 '출생'은 부모의 유전자와 세포의 결합과 분열을 통해 발생합니다. 즉, 생물학적인 과정을 통해 아기가 잉태되고 태어납니다. 그러나 **하나님의 백성은 '언약**covenant**'이라는 통로를 통해서만 잉태되고 출생**합니다. 모든 언약 백성이 (구원을 얻도록) 택하심을 받은 것은 아니지만, 택하심을 받은 사람은 거의 언제나 언약 백성이 되는 과정을 거칩니다.

"청함을 받은 자는 많되 택함을 입은 자는 적으니라"(마 22:14)

이 구절은 예수님께서 말씀하신 혼인 잔치 비유(마 22:1~14)의 결론입니다. 어떤 임금이 자기 아들을 위해 혼인 잔치를 베풉니다. 그는 미리 초청해놓은 사람들에게 종들을 보내 이 잔치에 참석하라고 전합니다. 그러나 이전에 온다고 약속한 사람들은 온갖 핑계를 대면서 오지 않습니다. 어떤 자들은 그 종들을 능욕하고 죽이기까지 합니다. 임금이 격노합니다. 군대를 보내 그 살인자들을 진멸하고, 동네를 불사릅니다. 그리고 다시 분부를 내립니다. 이전에 초청한 사람들은 이 혼인 잔치에 참석하기 합당치 않으니 다른 사람들을 데리고 오라고 말입니다. 많은 사람이 참석합니다. 그런데 그중에는 예복을 입지도 않고 참석한 사람도 있습니다. 임금은 그 사람을 결박하여 바깥에 던져버리라고 분부합니다.

　오늘날 많은 사람이 이 비유 안에 등장하는 초청받은 사람들을 교회에 출석하지 않는 불신자들이라고 생각하지만 그렇지 않습니다. 이 비유에서 이전에 초청받은 사람들은 언약의 외인(外人)이 아니라 옛 언약 백성(이스라엘)입니다. 그들은 왕이신 하나님께서 그 아들의 혼인 잔치를 베푸시면 온다고 약속했습니다. 드디어 하나님의 아들 예수님께서 오셨습니다. 종말론적 혼인 잔치의 시대가 개막했습니다. 그러나 옛 언약 백성 대다수는 핑계를 대며 참석하지 않습니다. 신랑이신 예수님을 거절합니다. 심지어 종들을 핍박하고 죽이기까지 합니다. 하나님께서는 반역한 옛 언약 백성들을 심판하십니다. 그 대신, 다른 백성들을 혼인 잔치에 참석시키십니다. 이들은 새 언약 백성들입니다. 혼인 잔치에 참석한 새 언약 백성 중에서도 예복을 입지 않은 자는 쫓겨납니다.

이상의 내용은 혼인 잔치 비유가 단순히 총동원주일에 불신자들을 대상으로 하는 전도 행사 이상의 내용을 담고 있음을 보여줍니다. 이 비유에서 임금은 하나님 아버지십니다. 혼인하는 아들은 예수님이십니다. 혼인 잔치의 때는 저 먼 미래가 아니라 예수님께서 활동하고 계신 당대입니다. 종들은 선지자들과 사도들입니다. 처음 초청받은 자들은 이스라엘 자손들입니다. 그들은 예수님께서 나귀를 타고 예루살렘에 입성하신 지금까지도 계속 그분을 거절하며 반역하고 있습니다. 하나님께서는 군대를 보내 그들을 심판하실 것입니다.[1] 그들 대신 초청받아 잔치에 참석한 사람들은 새 언약 백성들입니다. 그러나 그들 중에도 택하심을 받지 못한 자가 섞여 있습니다. 예복을 입지 않은 채 잔치에 참석한 사람입니다. 반역한 옛 언약 백성들과 마찬가지로, 그 사람 역시 쫓겨납니다. 예수님께서는 비유의 결론으로 이렇게 말씀하십니다.

"청함을 받은 자는 많되 택함을 입은 자는 적으니라"(마 22:14)

전도 쪽지를 받아 예배당에 한 번 와본 사람은 많지만, 등록하는 사람이 적다는 뜻이 아닙니다. 세례를 받아 교회의 일원이 되는 사람은 공적으로 언약 백성이 된 것입니다. 그러나 그들 모두가 택함을 받은 것은 아닙니다. 이 때문에 교회는 어떤 사람에게 천국 문

---

1) 실제 역사 속에서. 주후 70년 로마 군대가 예루살렘 성을 함락시키고 성전을 파괴함으로써 옛 언약 공동체 이스라엘은 그 신분과 지위와 특권을 완전히 상실합니다. 그들은 이제 더 이상 언약 백성이 아닙니다.

을 열기도 하지만, 또 다른 사람에게는 천국 문을 닫기도 합니다. 설교와 권징을 통해서 말입니다.

> "1. 주 예수님께서는 자기 교회의 임금이시요 머리로서 국가공직자 와는 구별하여 교회 직원들의 손에 치리를 맡기셨다.
> 2. 이 직원들에게 천국의 열쇠를 맡기셨는데, 그들은 이 열쇠로써 정죄하기도 하고 사죄할 수도 있으며, 회개하지 않는 자에게 말 씀과 권징으로 천국을 닫고, 회개한 죄인에게는 필요에 따라 복 음의 사역과, 권징의 해벌로 천국을 열어 줄 권한을 가진다."(웨 스트민스터 신앙고백서 30:1~2; 참고. 하이델베르크 제83~85문답)

임금이 사환들을 시켜 예복을 입지 않은 자를 혼인 잔치 자리에 서 쫓아낸 것과 마찬가지로, 하늘에 계신 하나님께서는 그분의 사 환인 교회 직분자들, 더 구체적으로 말하면 장로들의 회 ‒ 당회와 노회 ‒ 를 시켜 그렇게 하십니다(참고. 마 16:19; 18:15~20; 요 20:23; 행 20:17,28~32; 고전 5:1~13; 6:1~11; 딤전 3:1~7; 딛 1:5,9~16).

여기서 우리가 기억해야 할 중요한 사실이 있습니다. 이 세상의 일반 가정의 일원이 되는 것과는 달리, 하나님의 새 가족인 교회의 일원이 되는 길은 '언약'과 관련되어 있다는 사실입니다. 외적인 언 약 백성이 모두 택하심을 받은 것은 아닙니다.

예를 들어, 야곱의 쌍둥이 형 에서는 할례받은 자였습니다. 어 릴 때부터 할아버지 아브라함과 아버지 이삭 아래서 자랐습니다. 그러나 그는 하나님의 약속을 팥죽 한 그릇보다 무가치하게 생각했습니다(창 25:29~34). 믿음의 가정을 건설하지 않았습니다(창 26:34~35; 28:8~9; 36:2~5). 혈육일 뿐 아니라 믿음의 형제인 야곱을 미워하여 죽이려 했습니다(창 27:41). 마침내 자기 발로 약속의 땅을 떠났습니다(창 36:6~7). 히브리서 기자는 에서를 다음과 같이 평가합니다.

"너희는 돌아보아 하나님 은혜에 이르지 못하는 자가 있는가 두려워하고 또 쓴 뿌리가 나서 괴롭게 하고 많은 사람이 이로 말미암아 더러움을 입을까 두려워하고15 음행하는 자와 혹 한 그릇 식물을 위하여 장자의 명분을 판 에서와 같이 망령된 자가 있을까 두려워하라16 너희의 아는 바와 같이 저가 그 후에 축복을 기업으로 받으려고 눈물을 흘리며 구하되 버린 바가 되어 회개할 기회를 얻지 못하였느니라17"(히 12:15~17)

어디 이뿐입니까? 이스라엘의 광야생활 중에는 크고 작은 반역 사건들이 발생했습니다. 그 가운데는 고라, 다단, 아비람, 온이 당을 짓고 이백오십 명의 족장들과 함께 일으킨 반역 사건이 있습니다(민수기 16장). 이 반역자들은 모두 할례받은 자입니다. 언약 백성의 지도자들입니다. 그러나 하나님께서 친히 이들을 심판하셨습니다.

예수님 당대의 바리새인들과 서기관, 대제사장들과 장로들은 어떠했습니까? 이들은 공회(산헤드린)를 열어 구주 예수 그리스도를 신성모독죄를 범한 이단자로 몰았습니다. 로마 총독 빌라도를 겁

박하여 십자가에 못 박아 죽였습니다. 예수님을 언약 공동체로부터, 거룩한 도성 예루살렘으로부터 몰아낸 이 사람들은 모두 할례 받은 유대인들입니다. 언약 백성의 지도자들입니다.

다시 말하지만, 외적인 언약 백성이 모두 택하심을 받은 것은 아닙니다. 언약의 표가 있다고 해서 그것이 곧 구원의 보장은 아닙니다.[2] 그러나 택하심을 받은 사람은 거의 언제나[3] 언약 백성이 되는 길을 통해 하나님의 잔치에 참석합니다. 이런 의미에서 볼 때, 언약의 범주는 구원보다 더 큽니다. 언약이 큰 동그라미라면, 선택은 그 안에 있는 작은 동그라미입니다. 그래서 청함을 받은 자는 많되 택함을 입은 자는 적습니다(마 22:14).[4] 에서는 큰 동그라미(언약) 안

---

2) 이러한 이유로, 장로교회의 신앙고백서는 다음과 같이 진술합니다.
"이 성례를 모독하거나 소홀하게 대하는 것은 큰 죄이다. 하지만 세례 없이는 중생이나 구원을 받을 수 없다든지, 또는 세례만 받으면 누구나 확실하게 중생을 받게 된다고 말할 수 있을 정도로 세례와 은혜와 구원이 불가분리적으로 결합되어 있지는 않다."(웨스트민스터 신앙고백서 28:5)

3) 저자가 여기서 "거의 언제나"라는 표현을 사용한 이유는 조심스러움 때문입니다. 어떤 사람이 숨을 거두기 직전, 복음을 듣고 참 믿음을 갖는 경우도 있습니다. 이때 사실 그 사람은 하나님께서 보시기에 언약 백성입니다. 그러나 이 사람이 세례를 받지도 않았으며, 교회에 가입하지도 않았고, 그의 신앙고백을 누구도 확인하지 못했을 때, 공적으로는 언약 공동체(교회)의 일원이 되지 못한 채 숨을 거둔 것입니다. 이런 특수한 경우가 아니라면, 모든 그리스도인은 마땅히 머리 되신 그리스도와 그분의 몸인 교회에 가입함으로 공적으로 언약 백성의 일원이 됩니다. 웨스트민스터 신앙고백서의 단호하면서도 조심스러운 진술문을 참고하십시오.
"유형교회 역시 복음 하에서 공교회요 우주적 교회인데, 전 세계에서 참 믿음(종교)을 고백하는 모든 자들과 그들의 자녀들로 이루어지며, 주 예수 그리스도의 나라이며, 하나님의 집이요 권속이며, **이 교회를 떠나서는 특별한 경우가 아니고는 구원받을 가능성이 없다.**"(웨스트민스터 신앙고백서 25:2)

4) 이런 관점으로 마 22:1~14의 청함(언약)과 택함(선택)의 관계를 설교한 것으로는 고재수, "초청과 선택", 『구속사적 설교의 실제』 (서울: CLC, 1987), 100~107을 참고하십시오. 저자인 고재수(N. H. Gootjes)는 화란개혁교회(해방)에서 대한예수교장로회(고신)으로 파

에서 태어나 자랐지만, 작은 동그라미(선택) 안에 들어 있지 않았습니다(참고. 롬 9:10~13).

언약 백성이 출생하는 세 가지 통로

이상의 내용은 하나님의 백성이 되는 길은 오직 '언약'이라는 통로를 통해서만 가능하다는 사실을 보여줍니다. 세례 – 유아세례와 성인세례 – 는 언약 백성의 회원이 되었음을 가시적으로 보여주는 공적인 표입니다. 언약 백성은 다음의 세 가지 통로를 통해 잉태되고 출생합니다.

첫 번째는 (짝 믿는 가정을 포함한) **신앙의 가정에서의 출생**birth입니다. 신앙의 가정에서 태어난 모든 아기는 언약 백성입니다. 하나님께서 그 가정뿐 아니라 교회에 주신 선물입니다. 이 모든 아기는 유아세례를 받아야 합니다.[5]

두 번째는 **복음 전도**evangelism입니다. 이 역시 아이를 출산하는 통로입니다.

"내가 너희를 부끄럽게 하려고 이것을 쓰는 것이 아니라 오직 너희를 내 사랑하는 자녀같이 권하려 하는 것이라14 그리스도 안에서 일만 스승이 있으되 아비는 많지 아니하니 그리스도 예수 안에서

송을 받아 고신대학교와 고려신학대학원에서 약 10년간 교수 선교사로 봉사했습니다.
5) (짝 믿는 가정을 포함하여) 믿는 가정에서 태어난 아기가 모두 언약 백성이므로 개혁신앙을 고백하는 교회는 가능한 한 빨리 이 아기에게 유아세례를 시행해야 합니다.

복음으로써 내가 너희를 낳았음이라[15]"(고전 4:14~15)

"나의 자녀들아 너희 속에 그리스도의 형상이 이루기까지 다시 너
희를 위하여 해산하는 수고를 하노니"(갈 4:19)

기독교 가정에서 태어나 자라지 않은 사람들은 이 방법을 통해
언약 백성이 됩니다. 복음을 듣고 예수 그리스도를 구주로 믿어
(공적으로) 고백한 모든 사람은 세례를 받아야 합니다. 이 사람은
유아세례가 아니라 성인세례를 받습니다.

세 번째는 한국 교회 안에서는 흔치 않은 것인데, **기독교 가정의
입양**adoption입니다. 입양 역시 언약 백성이 되는 중요한 방법 중 하
나입니다.[6] 한국 교회는 유교 문화의 영향을 지대하게 받아왔습니
다. 그래서 혈통을 매우 중요하게 생각합니다. 그러나 개혁신앙을
고백하는 교회의 성도들은 입양에 소극적인 태도를 보일 이유가
없습니다. 입양을 강요해서도 안 되지만, 혈통이 아니라는 이유로
입양에 대해 차별적인 선입관을 가져서도 안 됩니다. 사실 모든 그
리스도인 역시 하나님께 입양된 자녀가 아닙니까?

"무릇 하나님의 영으로 인도함을 받는 그들은 곧 하나님의 아들이
라[14] 너희는 다시 무서워하는 종의 영을 받지 아니하였고 양자의
영을 받았으므로 아바 아버지라 부르짖느니라[15] 성령이 친히 우리

---

6) 입양된 자녀의 유아세례 또는 성인세례에 대해서 여기서는 다루지 않겠습니다.

영으로 더불어 우리가 하나님의 자녀인 것을 증거하시나니16 자녀
이면 또한 후사 곧 하나님의 후사요 그리스도와 함께한 후사니 우
리가 그와 함께 영광을 받기 위하여 고난도 함께 받아야 될 것이
니라17 ··· 이뿐 아니라 또한 우리 곧 성령의 처음 익은 열매를 받
은 우리까지도 속으로 탄식하여 양자 될 것 곧 우리 몸의 구속을
기다리느니라23"(롬 8:14~17,23)

혈통을 초월한 새 가족

우리는 혈통으로 낳은 자녀와 입양한 자녀 양쪽 모두를 하나님께
서 그리스도인의 가정에 맡기신 자녀라고 생각해야 합니다. 언약
은 (혈통을 도구로 사용할 뿐) 혈통적이지 않습니다. 아브라함이 할
례를 받을 때, 그의 혈통인 이스마엘뿐 아니라 모든 종들까지도 할
례를 받았습니다. 이스마엘과 에서는 혈통으로는 아브라함의 자손
이지만, 약속의 자녀가 아니었습니다.

"또한 하나님의 말씀이 폐하여진 것 같지 않도다 이스라엘에게서
난 그들이 다 이스라엘이 아니요6 또한 아브라함의 씨가 다 그 자
녀가 아니라 오직 이삭으로부터 난 자라야 네 씨라 칭하리라 하셨
으니7 곧 육신의 자녀가 하나님의 자녀가 아니라 오직 약속의 자
녀가 씨로 여기심을 받느니라8"(롬 9:6~8)

교회는 혈통을 초월한 새 가족입니다. 그리스도께서는 혈통을 초

월한 새 가족을 창조하기 위해 이 땅에 오셨습니다.

> "영접하는 자 곧 그 이름을 믿는 자들에게는 하나님의 자녀가 되
> 는 권세를 주셨으니12 이는 혈통으로나 육정으로나 사람의 뜻으로
> 나지 아니하고 오직 하나님께로서 난 자들이니라13 말씀이 육신이
> 되어 우리 가운데 거하시매 우리가 그 영광을 보니 아버지의 독생
> 자의 영광이요 은혜와 진리가 충만하더라14"(요 1:12~14; 참고. 마
> 12:46~50)

이상의 세 가지 모두 하나님의 백성이 출생하는 중요하고도 특별
한 통로입니다. 이 세 가지에는 차별이 없습니다. 두 번째 및 세 번
째와는 달리 첫 번째 통로만 혈통적이라는 생각은 잘못된 것입니
다. 첫 번째 통로는 생물학적, 유전적으로 혈통적일 뿐 하나님께서
보시기에는 그렇지 않습니다. 신앙의 가정에서 태어나더라도 "육
신의 자녀가 하나님의 자녀가 아니라 오직 약속의 자녀가 씨로 여
기심을 받"기 때문입니다(롬 9:8). 이 세 가지 중 어떤 경우라도 구
원은 오직 ① 하나님 아버지의 무조건적인 예정에 근거하여, ② 택
하신 백성들을 위해 죽으시고 부활하신 예수 그리스도로 말미암아
through, ③ 불가항력적 은혜로 역사하시는 성령님에 의해by, ④ (행
위나 공로가 아니라) 복음의 말씀을 믿음으로만 가능하기 때문입니
다. 그러므로 **이 세 가지 모두 하나님의 백성이 물과 성령으로 태
어나는 차별 없는 통로입니다.**

■ 복습을 위한 질문

1. 마태복음 22장의 "잔치 비유"에서 왕에게 청함을 받고도 오지 않은 반역자들은 당대에 누구였습니까? 그들은 언약의 외인(外人)입니까, 아니면 기존의 언약 백성입니까? 이를 오늘날로 적용해보십시오.

2. "청함을 받은 자는 많되 택함을 입은 자는 적으니라"(마 22:14)가 무슨 뜻입니까?

3. 구약성경과 신약성경에서 외적으로는 언약 백성이지만, 택함을 받지 못한 자들의 실례를 말해보십시오.

4. 언약 백성이 출생하는 세 가지 통로를 말해보십시오.

5. 세 가지 통로의 공통점이 무엇입니까?

6. 한 걸음 더   치리회(당회와 노회)의 중요성을 권징의 측면에서 말해보십시오. 권징을 바르게 시행하는 것이 왜 중요합니까?

7. 한 걸음 더   마 12:46~50; 요 1:12~14; 19:25~27; 딤전 5:1~2를 읽고, 교회가 왜 혈통을 초월한 새 가족인지 말해보십시오. 새 가족의 측면에서 교회가 공예배로 회집하는 것, 특히 성찬을 나누는 것, 그리고 주일과 주중 성도의 교제가 왜 중요한지 말해보십시오.

한 세례

"몸이 하나이요 성령이 하나이니 이와 같이 너희가 부르심의 한 소망 안에서 부르심을 입었느니라4 주도 하나이요 믿음도 하나이요 세례도 하나이요5 하나님도 하나이시니 곧 만유의 아버지시라 만유 위에 계시고 만유를 통일하시고 만유 가운데 계시도다6"(엡 4:4~6)

제14장

한 세례

몇 가지 종류의 세례가 있는지 물어보면 두 가지라고 대답하는 분이 많습니다. 어떤 분은 물세례와 성령세례가 있다고 대답합니다. 다른 이는 (성인)세례와 유아세례가 있다고 대답합니다. 그러나 사도 바울의 선포는 단호하고도 명확합니다.

"주도 하나이요 믿음도 하나이요 **세례도 하나**이요"(엡 4:5)

니케아신조 역시 선명하고도 단순합니다.

"우리는 사죄를 얻게 하는 **하나의 세례**를 고백합니다."

두 종류의 세례인가?: 물세례와 성령세례

언약 백성 개인에게 할례는 평생 단 한 번뿐입니다. 세례 역시 평생 단 한 번뿐입니다.[1] 그러나 **사도 시대는 옛 언약에서 새 언약으로 촛대가 옮겨가는 일종의 중첩overlapping 기간**입니다. 새 언약 시대가 개막했으나 옛 언약 시대는 아직 종결되지 않은, 매우 독특한 기간입니다.[2] 이 때문에 할례를 받은 유대인들도 오순절 이후에는 (새 언약 공동체 안으로 들어왔다는 증거로) 세례를 받아야 했습니다. 할례는 옛 언약의 표sign이며, 세례는 새 언약의 표이기 때문입니다. 이를 곡해하여 재(再) 세례의 근거로 사용할 수 없습니다.

이는 예수님을 이미 구주로 믿고 있던 베드로와 사도들이 오순절이 되어서야 비로소 성령을 선물로 받은 것과 같은 원리입니다.

"명절 끝 날 곧 큰 날에 예수께서 서서 외쳐 가라사대 누구든지 목마르거든 내게로 와서 마시라[37] 나를 믿는 자는 성경에 이름과 같이 그 배에서 생수의 강이 흘러나리라 하시니[38] 이는 그를 믿는 자의 받을 성령을 가리켜 말씀하신 것이라 (예수께서 아직 영광을 받지 못하신 고로 성령이 아직 저희에게 계시지 아니하시더라)[39]"(요 7:37~39)

이는 예수님께서 초막절 마지막 날에 하신 말씀입니다. 사도 요

---

1) "세례 성례는 누구에게든지 단 한 번만 베풀어야 한다."(웨스트민스터 신앙고백서 28:7)
2) 언약의 중첩 기간과 그 특징에 대한 보다 상세한 설명으로는 권기현, 『방언이란 무엇인가?』, 196~219를 참고하십시오.

한은 39절에서 예수님의 말씀에 대한 설명을 덧붙였습니다. 이 본문에 의하면, 성령을 받기 위해서는 두 가지 조건이 충족되어야 합니다. 첫째, 예수님을 믿어야 합니다. 둘째, 예수님께서 영광을 받으셔야 합니다. 사도들은 예수님을 믿었지만, 곧바로 성령을 받지 못했습니다. 왜 그렇습니까? 예수님께서 아직 영광을 받지 못하셨기 때문입니다. 그래서 사도들은 예수님께서 영광을 받으신 후, 오순절에 성령을 받았습니다.

그러나 이제는 예수님을 믿는데도 성령을 선물로 받지 못한 사람이 단 하나도 없습니다. 사도들과는 달리, 우리는 예수님께서 영광을 받으신 이후에 살고 있기 때문입니다. 옛 언약과 새 언약의 중첩 기간이 완전히 끝난 이후에 살고 있기 때문입니다. 이제는 예수님을 믿는 것과 성령을 선물로 받는 것 사이에 그 어떤 시간적 간격도 없습니다.[3] 성령을 받는 조건은 단 하나, 예수님을 구주로 믿는 것밖에 없습니다.

> "우리가 유대인이나 헬라인이나 종이나 자유자나 다 한 성령으로 세례를 받아 한 몸이 되었고 또 다 한 성령을 마시게 하셨느니라"(고전 12:13)

> "내가 너희에게 다만 이것을 알려 하노니 너희가 성령을 받은 것은 율법의 행위로냐 듣고 믿음으로냐"(갈 3:2)

---

3) 그러므로 두 번째 체험으로서의 성령세례는 성경이 가르치는 바가 아닙니다.

"베드로가 가로되 너희가 회개하여 각각 예수 그리스도의 이름으로
세례를 받고 죄 사함을 얻으라 그리하면 성령을 선물로 받으리니"
(행 2:38)

그러므로 물세례와 성령세례라는 두 종류의 세례를 주장할 수 없
습니다. 구원받은 사람 중 특별한 소수에게 성령세례가 주어진다
는 주장은 성경의 지지를 받지 못합니다. 오직 하나의 세례만 존재
합니다.

"주도 하나이요 믿음도 하나이요 **세례도 하나이요**"(엡 4:5)

"우리가 유대인이나 헬라인이나 종이나 자유자나 다 한 성령으로
세례를 받아 한 몸이 되었고 또 다 한 성령을 마시게 하셨느니라"
(고전 12:13)

"우리는 사죄를 얻게 하는 **하나의 세례**를 고백합니다."(니케아신조)

두 종류의 세례인가?: 유아세례와 성인세례

그렇다면 유아세례와 성인세례는 서로 다른 종류의 세례입니까?
아닙니다. **세례의 대상이 다를 뿐 같은 세례**입니다. 단지 세례의
대상이 유아냐 아니냐의 차이입니다. 우리는 아버지와 아들과 성
령의 이름으로 베푸는 "한 세례"를 받아, 한 분 아버지와 한 분 구

주를 고백하는 한 가족, 즉 성령 공동체가 되었습니다. 이러한 이유로, 웨스트민스터 표준문서들Westminster Standards은 세례가 두 종류가 아니라 그 대상이 두 종류임을 명시합니다.

"그리스도를 믿는 믿음과 그분에게 순종을 실제로 고백하는 자들뿐만 아니라, 한 편이나 양편이 믿는 부모를 둔 유아도 세례 받아야 한다are to be baptized.[4]"(웨스트민스터 신앙고백서 28:4)

"문: 누구에게 세례를 베풀어야 합니까?
답: 세례는 그리스도에 대한 믿음과 순종을 고백할 때까지는 유형교회 밖에 있어 약속의 언약에 외인들인 어느 누구에게도 베풀어서는 안 됩니다. 그러나 양편 혹은 한편의 부모가 그리스도에 대한 믿음과 순종을 고백하는 가정에서 태어난 유아들은 그 언약 안에 있는 것으로 간주되므로 세례 받아야 합니다."(대교리 제166문답)

"문: 누구에게 세례를 베풀어야 합니까?
답: 세례는 그리스도에 대한 믿음과 순종을 고백할 때까지는 유형교회 밖에 있는 어느 누구에게도 베풀어서는 안 됩니다. 그러나 유형교회의 회원들의 유아들은 세례 받아야 합니다."(소교리 제95문답)

---

4) 12장의 각주 4)에서도 언급한 바와 같이, 대한예수교장로회(고신) 헌법(2011년 제6차 개정판)은 이 부분을 "받을 수 있다"로 번역했는데, 오역입니다. "받아야 한다."로 번역해야 합니다. 즉 선택이 아니라 의무입니다.

세례들(?) & 씻는 규례

히브리서에는 "세례들"이라는 복수가 사용된 구절이 있습니다.

> "세례들과 안수와 죽은 자의 부활과 영원한 심판에 관한 교훈의 터
> 를 다시 닦지 말고 완전한 데 나아갈찌니라"(히 6:2)

이 구절을 보면, 마치 여러 종류의 세례가 존재하는 것처럼 느껴
집니다. 하지만 그렇지 않습니다.

여기서 "세례들"로 번역된 헬라어 'βαπτισμῶν(밥티스몬)'은 '씻음
washing/cleansing'이라는 뜻을 가진 헬라어 명사 'βαπτισμός(밥티스
모스)'의 남성, 복수, 속격으로 신약성경에는 단 네 번밖에 사용되
지 않습니다. 이는 '물에 잠기게 하는 행위', 즉 '세례baptism'를 뜻
하는 헬라어 'βάπτισμα(밥티스마)'와는 다른 단어입니다. 이 사실은
'βαπτισμός(밥티스모스)'가 사용된 다른 세 본문을 보면 쉽게 알 수 있
습니다. 막 7:4와 히 9:10에는 구약의 정결법 중 '씻는 것washing/
cleansing'을 의미합니다. 즉, 모세 율법 중 씻는 것과 관련된 각
종 규례를 의미합니다. 히브리서는 특히 옛 언약과 새 언약을 비
교·대조하는 성경입니다. 그러므로 히 6:2의 "세례들"은 (정결법
의) "씻는 것들"로 번역되어야 합니다.

'βαπτισμός(밥티스모스)'가 사용된 나머지 한 구절을 해결해야 합니
다. 골 2:12에서도 'βαπτισμός(밥티스모스)'가 사용되었는데, 여기서
는 '세례'를 의미합니다.

"또 그 안에서 너희가 손으로 하지 아니한 할례를 받았으니 곧 육적 몸을 벗는 것이요 그리스도의 할례니라11 너희가 세례로 그리스도와 함께 장사한바 되고 또 죽은 자들 가운데서 그를 일으키신 하나님의 역사를 믿음으로 말미암아 그 안에서 함께 일으키심을 받았느니라12"(골 2:11~12)

그러나 이는 의역입니다. 이 문맥에서 바울은 옛 언약의 할례와 먹고 마시는 것들을 위시한 의식법ceremonial laws은 "장래 일의 그림자"일 뿐이며, 이제 그것을 문자 그대로 지켜서는 안 된다고 설명합니다(16~23절). 심지어 바울은 '세례'야말로 "손으로 하지 아니한 할례", 즉 "그리스도의 할례"라고 말합니다(11절). 다시 말해서 새 언약 백성들에게는 '할례'가 아니라 '세례'가 '죄 씻음'을 받았다는 표와 인입니다(12~15절). 바울이 '세례'를 말하기 위해 '씻는 것'을 뜻하는 βαπτισμός(밥티스모스)'를 사용한 이유가 바로 이것입니다. 즉, '세례(밥티스마)'는 새 언약 백성들을 위한 '씻는 행위(밥티스모스)'이므로 이제 구약의 의식법을 지켜서는 안 된다는 뜻입니다.

결론적으로, 히브리서 6장 2절은 '여러 종류의 세례'를 주장할 근거가 되지 못하며, 오히려 새 언약 시대에는 '한 세례'밖에 없음을 뒷받침합니다.

용어에서 오는 오해

이제 세례의 용어를 살펴봅시다. 한국의 장로교회는 전 세계의 보편적 장로교회 및 개혁교회가 사용하는 용어를 좀 다르게 번역했습니다. 이를 표로 나타내면 다음과 같습니다.

표 4. 세례의 대상과 관련한 용어의 차이

한 세례		한국의 장로교회	보편적 장로교회/개혁교회
세례의 대상	언약의 자녀	유아세례	세례(Baptism)
	신앙고백자	세례	성인세례(Adult Baptism)

한국의 장로교회 교인에게 "세례"에 관해 말하면 그 사람은 즉시 신앙고백자에게 베푸는 성인세례를 머리에 떠올릴 것입니다. 그러나 외국의 장로교회나 개혁교회 교인은 유아들에게 베푸는 세례를 먼저 생각할 것입니다. 그 이유는 표 4에서 보듯이, 용어의 차이 때문입니다. 즉, "세례"라고 하면 한국에서는 주로 성인세례를 의미하지만, 외국에서는 주로 유아세례를 의미합니다.[5] 외국의 장로교회나 개혁교회는 오히려 유아세례를 받지 못한 사람들에게 세례를 줄 때, "성인세례"라는 용어를 자주 사용합니다. 이는 다른 나라의 장로교회와 개혁교회들이 유아세례를 얼마나 자연스럽게 생각하고 있는지 보여줍니다. 언약의 자녀들 중에 세례를 받지 않는 사람이 없기 때문입니다. 장로교회 교인 중 아기가 태어났는데도 세례를 주지 않거나 늦장을 부린다면, 당회가 그를 호출하여 책망할 것입니다. 그러나 유아세례 반대론자들은 "세례"라는 용어를 이

---

5) 물론 외국의 장로교회와 개혁교회들은 유아세례를 의미하는 용어로 "Baptism(세례)"뿐 아니라 "Paedo-Baptism(유아세례)"을 쓰기도 합니다. 그러나 "Paedo-Baptism(유아세례)"은 반대자들로부터 유아세례를 변증하기 위해 주로 사용하고, 일반적으로는 거의 언제나 "Baptism(세례)"이라고 표현합니다.

렇게 사용하기 싫어합니다. 그들은 이 용어를 언제나 신앙고백자에게만 사용합니다.

한편, 한국의 장로교회는 어떻습니까? 유아세례를 시행하면서도 이에 대한 구체적인 교육이 매우 부실합니다. 이것이 당회의 책무인데도 아직 신학 수업을 받아야 할 전도사에게 교육을 맡기기도 합니다. 자신의 자녀에게 유아세례를 받게 하면서도 이를 마치 "헌아식(獻兒式)" 정도로만 생각하는 이들이 얼마나 많습니까? 장로, 집사 등의 직분자뿐 아니라 심지어 선교사 중에도 유아세례의 필요성과 중요성을 인지하지 못하는 사람들이 적지 않습니다. 웨스트민스터 신앙고백서의 진술은 명확합니다. 공교회는 신자와 그들의 자녀로 구성됩니다.

> "유형교회 역시 복음 하에서 공교회요 우주적 교회인데, 전 세계에서 참 믿음(종교)을 고백하는 모든 자들과 그들의 자녀들로 이루어지며, 주 예수 그리스도의 나라이며, 하나님의 집이요 권속이며, 이 교회를 떠나서는 특별한 경우가 아니고는 구원받을 가능성이 없다."(웨스트민스터 신앙고백서 25:2)

합법적인 세례의 세 요소

세례가 합법적인 것이 되려면, 다음의 세 요소가 필요합니다. 웨스트민스터 표준문서들Westminster Standards은 이에 대해서도 일목요연하게 진술합니다.

"우리 주 그리스도께서 복음서에서 제정하신 성례에는 두 가지가 있으니 곧 세례와 성찬이다. 이 두 성례는 아무나 베풀 수 없으며, 합법적으로 임직 받은 **말씀의 사역자**(목사)만 베풀 수 있다."(웨스트민스터 신앙고백서 27:4)

"1. 세례는 신약의 성례로서, 예수 그리스도께서 제정하셨고, 수세자를 **유형교회에 엄숙하게 가입**시킬 뿐만 아니라, 그가 그리스도께 접붙혀짐과 중생과 사죄와 예수 그리스도를 통하여 하나님께 자신을 봉헌하여 새로운 삶을 살 수 있게 하는 **은혜언약의 표와 인**이다. 이 성례는 그리스도께서 친히 지시하셨기 때문에 그분의 교회에서 세상 끝날까지 계속되어야 한다.

2. 이 성례에서 사용하는 외적 요소는 **물**이며, 합법적으로 소명을 받은 **복음의 사역자**가 이 물로써 수세자에게 **성부와 성자와 성령의 이름**으로 세례를 베푼다."(웨스트민스터 신앙고백서 28:1~2)

"문: 세례는 무엇입니까?

답: 세례는 신약의 성례입니다. 그리스도께서는 이 성례에서 **성부와 성자와 성령의 이름**으로 물로써 씻는 의식을 제정하시되, 이 의식이 그리스도 자신에게 접붙임 받고, 그분의 피로 죄 사함 받으며 성령으로 거듭나고, 양자가 되며 영원한 생명으로 부활하는 것에 대한 **표와 인**이 되게 하신 것입니다. 이로써 세례 받은 당사자들은 **유형교회에 엄숙하게 받아들여지고** 전적으로 그리고 오직 주님의 소유가 되겠다는 **공개적이고 고**

백적인 약속에 들어갑니다."(대교리 제165문답)

"문: 세례와 성찬 이 두 성례는 어떠한 점에서 일치합니까?

답: 세례와 성찬이 일치하는 점은 둘 다 하나님께로부터 유래했으며, 그 영적 측면이 모두 그리스도와 그분의 은덕이고, 둘 다 같은 언약의 인침이라는 점입니다. 그리고 둘 다 **복음 사역자들**(목사들)에 의해 배포되어야 하며, 그 밖에 누구에 의해서도 배포될 수 없고, 주님께서 재림하실 때까지 그리스도의 교회에서 계속 시행되어야한다는 점입니다."(대교리 제176문답)

"문: 세례는 무엇입니까?

답: 세례는 **성부와 성자와 성령의 이름**으로 물로써 씻는 성례인데, 이로써 우리가 그리스도에게 접붙여짐과 은혜언약의 모든 은덕에 참여함과 우리가 주님의 소유가 되기로 약속함을 **표하며 인치는 것입니다.**"(소교리 제94문답)

그 핵심 내용을 요약하면 다음과 같습니다.

① 세례의 창시자이자 주체자:

그리스도께서 제정하신 대로, 삼위 하나님의 이름으로 시행해야 합니다(마 28:19).

② 세례 시행의 도구:

물로 시행해야 합니다.

③ 세례의 공적 인정과 효력:

목사가 교회의 회중 앞에서 (공예배 중에) 공적으로 시행해야 합니다.

위의 요소들을 갖추었을 때, 다시 세례를 베푸는 일이 없어야 합니다. 간혹 젊을 때 참 믿음이 없었는데도 세례받았다는 이유로 다시 세례를 요청하는 분이 있습니다. 그러나 당회가 할 일은 당사자의 믿음을 확인하는 일이니 다시 세례를 주어서는 안 됩니다.

세례와 관련하여 한국 교회 안에서 떠오르는 문제 두 가지만 더 언급하겠습니다. 하나는 세례 시행자와 관련한 것이고, 다른 하나는 공적 시행과 관련한 것입니다.

먼저, **반드시 목사가 세례를 베풀어야 합니까?** 저자가 선교 현지에서 종종 만나거나 목격한 일입니다. 목사는커녕 신학을 전공하지도 않은 사람이 주일 공예배를 인도합니다. 설교하고 성찬을 집례합니다. 선교 현지에는 이런 사람들이 꽤 많습니다. 이들은 목사에게만 세례 시행권이 주어져 있는 것을 일종의 교권주의와 같은 횡포로 생각합니다.[6] 그렇다면 왜 목사에게 그 일이 주어져 있습

---

6) 어떤 이들은 스데반의 동료 빌립이 사마리아 성에서 설교도 하고, 세례도 베푼 일(행 8:5~6, 12~13)과 광야에서 에디오피아 여왕 간다게의 국고 맡은 내시에게 세례를 베푼 사건(행 8:38)을 들어 목사가 아닌 사람도 세례를 베풀 수 있다고 주장합니다. 그러나 이들은 빌립을 오늘날의 집사와 같은 사람으로 성경을 오독(誤讀)한 것입니다. 스

니까? 설교, 세례, 성찬은 모두 말씀 사역이기 때문입니다. 설교는 귀로 듣는 말씀이며, 세례와 성찬은 눈으로 보는 말씀입니다. 하나님의 말씀 사역은 개인이 성경을 읽고 느낀 점을 말하는 것이 아닙니다. 하나님께서는 말씀 사역을 위해 소명과 은사를 가진 사람들을 세우십니다. 성경은 장로들에게 양무리를 치는 일과 말씀을 가르치는 일이 맡겨져 있다고 가르칩니다(행 20:17,28~32; 딤전 3:1~2; 딛 1:5,9; 벧전 5:1~3). 이 직무는 특히 말씀을 가르치는 장로인 목사에게 맡겨져 있습니다(딤전 4:11~16; 5:17~18; 딤후 4:2~5).

둘째, 사적인 자리에서도 세례를 베풀 수 있습니까? 결코 그렇게

데반과 빌립 등 예루살렘교회의 구제를 담당하기 위해 세움을 받은 일곱 분은 '집사'의 기원이 된 것은 틀림없으나, 이들이 곧 오늘날의 집사와 똑같은 직분자는 아닙니다. 사도행전 6장에는 구제를 담당하기 위해 이들을 택하여 세운 사실만 언급될 뿐 이들이 곧 '집사'라는 표현이 없기 때문입니다. 한글개역성경과 한글개역개정성경 행 21:8 에는 빌립을 가리켜 "일곱 집사 중 하나"라고 번역되어 있으나, 헬라어 성경에는 '집사($\delta\iota\acute{\alpha}\kappa o\nu o\varsigma$, 디아코노스)'라는 단어가 아예 언급되지 않았습니다. 즉, 빌립을 '집사'라고 짐작하여 한글로 추가해놓은 것입니다. 오히려 이 구절은 빌립을 가리켜 "전도자($\epsilon\dot{\upsilon}\alpha\gamma\gamma\epsilon\lambda\iota\sigma\tau\acute{\eta}\varsigma$, 유앙겔리스테스)"라고 명시합니다. 이 단어는 신약성경에서 3번 사용되었습니다. 엡 4:11에서는 "사도", "선지자", "목사", "교사"라는 단어와 함께 교회의 말씀 사역자 중 한 직분으로 소개됩니다. 딤후 4:5에서는 바울의 제자이며 동역자인 디모데에게 사용됩니다. 요약하자면, 성경은 빌립을 '집사($\delta\iota\acute{\alpha}\kappa o\nu o\varsigma$, 디아코노스)'로 명시한 적이 없으며, 오히려 말씀을 전하는 직분 중 하나인 '전도자($\epsilon\dot{\upsilon}\alpha\gamma\gamma\epsilon\lambda\iota\sigma\tau\acute{\eta}\varsigma$, 유앙겔리스테스)'라고 소개합니다. 이는 예루살렘교회의 구제를 담당한 빌립이 구제뿐 아니라 설교와 성례까지도 수행한 말씀 사역자였음을 뒷받침합니다. 짐작하기로는, 스데반과 빌립은 헬라파 유대인들이 구제 대상에서 제외되지 않도록 돌보는 동시에 그들을 위한 말씀 사역도 담당한 사역자들이었을 것입니다. '전도자'는 사도 시대에 여러 지역을 순회하면서 말씀과 성례를 담당한 독특한 직분자입니다. 바울과 함께 선교지를 순회하면서 목회한 디모데, 디도와 같은 사람들입니다. 이들의 사역은 오늘날의 선교사들과 비슷하나, 사도들의 동역자라는 점에서 오늘날과는 분명 차이가 있습니다. '사도', '선지자', '전도자(복음 전하는 자)'는 초대교회 당대에만 존재했으며, 오늘날에는 사라지고 없는 직분입니다. 결론적으로, 빌립의 사례를 들어 목사가 아닌 그리스도인이 세례를 베풀 수 있다는 주장은 근거가 없습니다.

해서는 안 됩니다. 세례는 그리스도께 접붙여지는 표와 인입니다. "표와 인"이라는 표현 자체가 가시적이라는 뜻입니다. 세례는 가시적으로 드러나게 시행하는 말씀 사역입니다. 머리이신 그리스도께 접붙여진 사람이 그분의 몸(교회)에 가입하지 않는 것이 가능한 일이겠습니까? 그래서 세례는 유형교회의 일원이 되는 공적이고 가시적인 표와 인입니다. 이는 세례가 아무도 몰래, 사적으로, 교회의 허락 없이, 당회와 회중 모르게 시행할 수 없다는 뜻이기도 합니다. 합법적으로 임직 받은 말씀 사역자(목사)가, 교회의 공예배 시간에, 그리스도의 몸인 회중 앞에서 세례를 시행하는 이유가 바로 여기에 있습니다.

　그러면 이런 경우는 어떻습니까? 중환자실에서 생사를 오가는 어떤 분이 신앙을 고백하는데, 도무지 예배당으로 올 수 없는 형편입니다. 다른 경우도 있습니다. 임종 직전에 그리스도를 영접한 노인이 있습니다. 이런 경우에는 세례를 베풀 수 없습니까? 아닙니다. 교회 – 더 구체적으로는 '장로들의 회'인 당회 – 가 합법적으로 임직받은 목사를 그 사람에게 보냅니다. 당회원들과 성도들 중 일부가 목사와 동행하여 증인이 됩니다. 이렇게 세례를 베푸는 경우에는 사적인 세례가 아닙니다. 공적 세례입니다. 그 사람이 교회로 올 수 없으니 교회가 공적으로 그 사람에게 가서 세례를 베푸는 것입니다. 그 사람이 몇 시간 후에 숨을 거두더라도, 당회는 세례받은 그 사람을 명부에 올립니다. 그 사람이 죽고 나면 이제 명부에서 지우겠지만, 그 사람은 죽기 전에 분명 그리스도께 접붙여졌고, 공적으로 유형교회에 받아들여진 것입니다.

그리스도께서 친히 세례를 제정하셨습니다. 삼위 하나님께서 그분의 이름으로 이 세례를 인치십니다. 합법적인 말씀 사역자에 의해 이 세례가 시행됩니다. 유형교회가 공적으로 수세자를 언약 백성의 일원으로 받아들입니다. 그러니 **세례는 언약 공동체의 일원이 되는 공적이고도 유일한 관문입니다.** 여기에 우리의 자녀들을 제외하면 안 됩니다.

■ 복습을 위한 질문

1. 세례가 한 종류밖에 없음을 명시하는 성경 구절을 말해보십시오.
   또한 초대교회 신조 중 이에 대해 명시하는 신조와 그 내용을 말해
   보십시오.

2. 물세례와 성령세례라는 두 종류의 세례를 주장하는 것이 왜 잘못
   인지 설명해보십시오.

3. 유아세례와 성인세례라는 두 종류의 세례를 주장하는 것이 왜 잘못
   인지 설명해보십시오.

4. 웨스트민스터 표준문서들(Westminster Standards)은 세례의 대상에
   대해 어떻게 진술합니까?

5. 한국의 장로교회 교인들이 유아세례의 필요성과 중요성을 깊이 깨
   닫지 못하는 이유가 무엇인지 용어의 차이와 교육의 현실을 들어
   설명해보십시오.

6. 합법적인 세례를 위한 세 가지 요소를 말해보십시오.

7. 한 걸음 더 교회의 공예배 중에 온 회중 앞에서 시행해야 한다면, 세례가 베풀어지는 현장은 성인세례를 받는 당사자 또는 유아세례를 받는 자녀의 부모뿐 아니라 교회의 직분자들과 온 회중 역시 서약하는 자리가 되어야 하지 않겠습니까? 그들은 피세례자를 혈통을 초월하는 새 가족으로 맞아들이고, 그에 대한 깊은 애정과 지속적인 관심으로 언약의 책무 – 신앙의 격려와 책선과 치리 – 를 다해야 하지 않겠습니까?

8. 한 걸음 더 목사가 선교사로 파송되어야 할 이유가 무엇인지 은혜의 방편(설교, 성례, 기도) 및 표지(설교, 성례, 권징) 시행과 관련하여 말해보십시오.

성구색인

창세기

11:10	29
17장	47, 51, 128, 130
17:7	49
17:10~14	73
17:11	48, 58, 59, 63
17:12	51, 87, 114
17:12~13	50
17:13	49
17:14	12, 48, 114
17:19	49
17:23	51
17:23~27	50, 51, 73
21:3~4	52
21:4	114
21:22~34	75
25:21~23	35
25:27~34	35
25:29~34	177
26:34~35	177
27장	35
27:41	177
28:8~9	177
32장	8
36:2~5	177
36:6~7	177
37:9~11	106

출애굽기

4:8	59
4:9	59
4:17	59
4:24	59
4:30	59
7:3	59
8:19	59
10:1	59
10:2	59
12장	60
12:3	64
12:12	64
12:13	59, 63
12:26~27	58
13:7~10	115
13:16	58, 59, 60, 63
16장	25
17:1~7	25
19~24장	71, 72
19:7~8	72
22:29~30	114
23:15	60
24장	71
24:3	72
24:6~8	72
34:18~21	60

레위기

23:5~8	60
23:34~43	75

민수기

1장	144
16장	177
20:1~13	25
26장	144
28:16~25	60
29:12~39	75
33:4	64

신명기

1:5	72
6:4~9	60, 61
6:8	59
6:20~25	61
11:18	59
11:29~32	76
14:23~26	116
16:1~8	60
16:9~11	115
16:13~15	116
16:16	60
27장	76
29:1	72

29:1~3	73
29:10~13	12, 73
29:11	74, 75, 144
31:10~13	75

여호수아

4장	64
4:1~9	63
4:6	63
4:6~7	64
4:19	64
4:19~24	63
4:20~24	64
4:23	64
5장	64
5:1	65
5:2~12	64
5:9	64
8:30~35	76
8:35	144
9:21	74
9:23	74
9:27	74

욥기

28:28	104

시편

2:7	100
8편	98
111:10	104

잠언

1:7	104
9:10	104

이사야

42:1	100

말라기

1:3	35

마태복음

4:15	129
6:32	129
9:1~8	117
9:16~17	128

10:5	129	25:32	129	1:44	36, 112, 164
10:18	129	26:26~29	23	2:12	36, 112, 164
12:6	117	28:16	129	2:16	36, 112, 164
12:18	129	28:18~20	127	2:21	87, 114
12:21	129	28:19	48, 129,	2:36	129
12:46~50	182		197	2:40	104
14:21	144	28:19~20	22, 85, 130,	2:41~42	101, 104
15:38	144		152	2:43~47	102
16:19	176			2:46~47	105
18:15~20	176	마가복음		2:48~49	102
19:13~15	36	2:1~12	117	2:49~52	106
19:28	129	2:21~22	128	2:50~51	106
20:19	129	6:44	144	2:51~52	102
20:25	129	7:4	192	3장	99
21:15~16	77	8:9	144	3:21~22	99, 100
21:43	129	10:13~16	36	3:22	99
22:1~14	174, 178	10:14	113	3:22~23	99
22:14	173, 175,	14:22~25	23	3:23~38	97, 99, 100
	178	16:19	130	3:38	98, 99
24:7	129			4:1~2	99
24:9	129	누가복음		4:1~13	100
24:14	129	1:41	36, 112, 164	5:17~26	117
24:30	129	1:41~44	37	5:37~39	128

9:14	144	6:63	34	10:2	145
15장	8	7:37~39	188	10:22	145
18:15	111, 112, 164	7:39	189	10:24	138
18:15~17	36	20:23	176	10:34~43	140
18:16	12, 112			10:35	145
18:17	112	사도행전		10:43	140
22:14~20	23	1:3	130	10:44	138, 141
22:30	129	1:9	130	10:45	138
24:25~27	86	1:13~15	144	10:45~47a	141
24:44~47	86	2~11장	143	10:47~48	138, 142
24:51	130	2:14	131	11:4~17	142
		2:22	131	11:18	143
요한복음		2:36	131	13장	143
1:12~14	182	2:38	140, 190	13:16	145
1:14	117	2:38~39	12, 130, 139	13:21	129
2:19~22	117	2:39	131	13:26	145
5:39	86	2:41	85, 132, 139	13:43	145
5:46~47	86	6장	199	13:50	145
6:10	144	7:19	36, 112, 164	15장	128
6:30~35	25	8:5~6	198	16장	144
6:39~40	34	8:12~13	198	16:1	165
6:44	34	8:38	198	16:1~3	144, 165
6:47~58	25	10~11장	138	16:3	128

16:9~12	143	
16:13~14	145	
16:14	145	
16:15	144, 151	
16:30	152	
16:31~34	152	
17:4	145	
17:17	145	
18장	161	
18:1~18	153	
18:4	145	
18:4~7	153, 154	
18:7	145	
18:8	155, 156	
18:17	156	
20:17	176, 199	
20:28~32	176, 199	
21:8	199	

로마서

4:11	48, 58	
5:12~21	100	
5:20	154	

6:23	28	
7:12	47	
8:14~17	181	
8:23	181	
9:6~8	181	
9:8	182	
9:10~13	35, 179	
10:17	59	
11:1	129	
15:5~7	92	
15:8	87	
15:8~9	88, 92	
16:25~27	104	

고린도전서

1:1	156	
1:10~13	154	
1:24	104	
1:30	104	
2:6~8	104	
4:14~15	180	
5:1~13	176	
6:1~11	176	

7:12~13	162	
7:14	12, 146, 162	
10:1~2	24, 28	
10:3~4	26	
10:11~12	24, 28	
11:23~26	23	
12:13	189, 190	

갈라디아서

2:3	128	
3:2	189	
3:26~27	118	
3:27	14	
4:4~5	88, 118	
4:19	180	
5:1~4	128	
5:2	45	
5:15	154	

에베소서

4:5	187, 190	
4:11	199	

빌립보서

3:1~9   155

3:5   114, 129

골로새서

1:15   98

1:18   98

2:2~3   104

2:11   193

2:11~12   193

2:12   192

2:12~15   193

2:16~23   193

디모데전서

3:1~2   199

3:1~7   176

4:11~16   199

5:17~18   199

디모데후서

1:5   144, 164, 165

3:15   12, 36, 37

3:15   104, 112, 144,
            146, 164, 165

4:2~5   199

4:5   199

디도서

1:5   176, 199

1:9   199

1:9~16   176

히브리서

1:1~2   144

6:2   192, 193

6:16~17   75

7:13   129

7:14   129

7:20~22   75

7:28   75

9:10   192

9:24   27

10:4   46

12:15~17   35, 177

13:8   26

야고보서

1:1   129

베드로전서

1:10~11   86

2:2   36, 112, 164

3:20~22   24, 27

3:21   27

5:1~3   199

요한계시록

13장   60

13:16~18   60